프로크리에이트로 시작하는 디지털 손글씨

기초부터 하나씩, 아이패드 캘리그라피 CALLIGRAPHY

김나 저

YoungJin.com **Y.**
영진닷컴

• 프로크리에이트로 시작하는 디지털 손글씨 •

기초부터 하나씩, 아이패드 캘리그라피 CALLIGRAPHY

ISBN : 978-89-314-6594-5

독자님의 의견을 받습니다.
이 책을 구입한 독자님은 영진닷컴의 가장 중요한 비평가이자 조언가입니다. 저희 책의 장점과 문제점
이 무엇인지, 어떤 책이 출판되기를 바라는지, 책을 더욱 알차게 꾸밀 수 있는 아이디어가 있으면 팩스
나 이메일, 또는 우편으로 연락주시기 바랍니다. 의견을 주실 때에는 책 제목 및 독자님의 성함과 연락
처(전화번호나 이메일)를 꼭 남겨 주시기 바랍니다. 독자님의 의견에 대해 바로 답변을 드리고, 또 독자
님의 의견을 다음 책에 충분히 반영하도록 늘 노력하겠습니다.

이메일 : support@youngjin.com
주 소 : (우)08507 서울시 금천구 가산디지털1로 128 STX-V타워 4층 401호 (주)영진닷컴 기획1팀
파본이나 잘못된 도서는 구입하신 곳에서 교환해 드립니다.

STAFF
저자 김나 | **총괄** 김태경 | **진행** 최윤정 | **디자인·편집** 이주은 | **영업** 박준용, 임용수, 김도현
마케팅 이승희, 김근주, 조민영, 채승희, 김민지, 임해나, 김도연, 이다은 | **제작** 황장협 | **인쇄** 예림인쇄

기초부터 하나씩
아이패드
캘리그라피
CALLIGRAPHY

☑ 디지털 캘리그라피와 아날로그 캘리그라피의 차이점

아날로그 캘리그라피는 펜이 가진 고유의 감성을 표현할 수 있습니다. 딥펜의 빈티지 감성, 붓 느낌을 구현하는 붓펜 감성, 워터브러시로 쓰는 부드러운 수채화 감성 등 종이에 조금 번지고 획이 조금 엇나가도 날 것 그대로의 매력이 있지요.

종이에 쓴 글씨를 다시 쓰면 복사한 듯 똑같이 나오지 않습니다. 내가 쓴 글씨는 단 하나의 글씨인 것인데요. 모든 아날로그가 그렇듯 과정이 길고 조금 불편하지만, 그 과정과 불편함을 좋아하는 분들도 많습니다. 그것 또한 아날로그의 매력이니까요.

디지털 캘리그라피는 아날로그와 반대입니다. 간편하고 빠르지요. 엇나간 획은 수정하여 글씨를 더 깔끔하게 만들 수 있습니다. 펜으로 쓴 글씨가 날 것의 투박함이 있다면 애플펜슬로 쓴 글씨는 군더더기 없는 매끈함이 있습니다. 그만큼 인위적인 느낌도 강한 편입니다. 그 차이를 줄이기 위해 실제 펜과 비슷하게 브러시를 만들어 사용하기도 합니다.

둘의 매력은 이처럼 완전히 다른데요. 내 성향과 더 잘 맞는 방법으로 연습하는 것이 만족도나 완성도가 높을 것입니다.

☑ 왜 디지털 캘리그라피인가요?

캘리그라피를 하기 위해선 펜과 종이가 필요합니다. 캘리그라피 펜은 붓부터 시작해 붓펜, 지그펜 등 다양한 펜들이 있으며, 종이는 펜과 어울리는 여러 종류의 종이를 사용할 수 있습니다.

디지털 캘리그라피는 이 수많은 종이와 펜들이 아이패드의 프로크리에이트라는 앱에 모두 저장되어 있다고 볼 수 있습니다. 앱의 캔버스에 여러 가지 배경지를 만들고 불러올 수 있으며, 다양한 질감의 브러시들로 글씨 연습을 할 수 있지요.

여러 도구를 가지고 다니며 꺼내어 쓸 필요 없이, 아이패드 하나만 있으면 어디서든 사용이 가능한데요. 글씨 연습을 한 후엔 다 쓴 종이와 펜을 정리하는 대신 아이패드를 충전만 하면 되고, 글씨를 쓴 사진은 좋은 구도를 찾아 여러 번 찍어 저장하는 대신 이미지 파일로 간단히 아이패드에 저장하면 됩니다. 절차가 간소해지면서 그만큼 시간을 줄일 수 있지요.

아이패드를 사용하기 전엔 캘리그라피 작업 시 펜이나 붓으로 글씨를 쓴 후 사진을 찍어 포토샵으로 옮겨 작업을 했는데, 아이패드를 사용한 후엔 중간 절차는 생략하고 진행하고 있습니다. 그만큼 시간 절약이 커서 자연스럽게 아이패드로 손이 가게 되더라고요.

펜으로 글씨를 잘못 썼을 때 수정이 불가하지만, 디지털은 잘못 썼을 때 수정이 가능해요. 펜으로 표현해 내기 어려운 다양한 효과들을 글씨에 넣을 수 있고요. 이런 기능들은 내 글씨를 좀 더 예쁘게 만들어 주어 글씨에 대한 만족도가 높아집니다.

캘리그라피에 관심은 있지만 어려울 것 같아 도전하기 망설여진다면 디지털 캘리그라피를 시작해 보세요. 좀 더 쉽고 재미있게 배울 수 있을 겁니다.

✅ 디지털 캘리그라피 준비물

① 아이패드와 애플펜슬

이 책에서 사용하는 디지털 캘리그라피 기기는 아이패드와 애 플펜슬입니다. 아이패드는 다양한 종류가 있는데 글씨를 쓰기 위해선 애플펜슬이 필수이기 때문에 애플펜슬이 호환되는 기 종으로 사용해야 합니다.

캘리그라피를 하기 위한 아이패드 구매 시 고려하면 좋은 사항

라미네이팅

아이패드는 라미네이팅이 되어 있는 기종을 사용하는 것이 좋은데요. 라미네이팅이 되어 있지 않으면 애 플펜슬 사용 시 화면과의 거리감이 느껴져 펜슬이 화면에서 붕 떠있는 느낌을 받습니다. 라미네이팅은 보 통 '아이패드 에어' 이상의 모델엔 모두 처리가 되어 있습니다.

아이패드 크기

캘리그라피를 할 때 많이 사용하는 크기는 10.5인치, 11인치입니다. 가장 큰 12.9인치도 좋으나 휴대하기 불편한 단점이 있습니다. 저는 12.9인치를 사용하는데 화면이 큰 만큼 글씨 쓰기엔 정말 좋아요. 그러나 여 행 시 들고 다니기엔 크고 무거워 불편하더라고요. 미니 사이즈는 휴대하기는 좋으나 화면이 작아 불편할 수 있습니다. 원하는 크기는 개인의 성향에 따라 다를 수 있으니 매장에서 직접 본 후에 내가 사용하기 편 한 크기로 선택하는 것이 좋습니다.

아이패드 용량

아이패드로 프로크리에이트만 사용한다면 128기가 이하도 괜찮습니다. 동영상 작업도 많이 한다면 256기 가 이상을 추천합니다.

아이패드 가격

아이패드는 기종에 따라 가격 차이가 많이 납니다. 최신 기종일수록 가격이 비싸지며 그만큼 성능이 좋습 니다.

❷ 아이패드 액세서리

아이패드 케이스

케이스는 아이패드를 보호해 주는 역할도 있지만 애플펜슬의 수납과 아이패드 거치대의 기능이 있어 사용하는 것이 편합니다.

아이패드 필름

다양한 필름 중 크게 일반 필름과 종이 필름으로 나눌 수 있습니다. 일반 필름은 처음 사용 시 펜슬이 화면에 많이 미끄러지는 느낌을 받을 수 있으며, 종이 필름보다 선명합니다. 종이 필름은 펜슬의 미끄러짐과 빛 반사가 덜하지만, 불투명도가 있어 일반 필름보다는 선명하지 않으며, 펜슬과의 마찰이 심한 편이라 펜슬 팁의 소모가 일반 필름보다 빠릅니다. 필기 시 일반 필름은 또각또각, 종이 필름은 사각사각 소리가 납니다.

애플펜슬 팁

펜슬의 팁(촉)은 일정 기간 사용하면 마모가 되어 교체해 줘야 하는데요. 펜슬의 철심이 보이기 시작할 때 바꿔 주면 됩니다.

애플펜슬 팁 커버 & 케이스

팁 커버를 쓰면 펜슬이 미끄러지거나 화면에 닿을 때 나는 또각거리는 소리가 덜합니다. 펜슬의 팁을 보호하는 역할을 하지만 커버를 씌운 만큼 펜슬 인식이 잘 안 되는 경우가 있을 수 있습니다. 애플펜슬 케이스는 펜슬의 그립감과 디자인을 위해 많이 씌웁니다.

❸ 프로크리에이트

'프로크리에이트'는 아이패드에서 사용하는 드로잉 앱인데요. 다양한 브러시와 직관적인 인터페이스로 많은 아티스트의 사랑을 받고 있습니다. 디지털 캘리그라피에서도 가장 인기가 많은 앱이며, 앱스토어에서 유료(한화 약 12,000원)로 구매한 후 사용 가능합니다. 정기 결제가 아니기 때문에 사용할 수 있는 기능과 비교하면 저렴한 가격에 높은 퀄리티의 창작물을 만들 수 있습니다.

프로크리에이트는 손가락과 펜슬로 사용합니다. 애플펜슬은 아이패드에서 페어링하면 프로크리에이트에서 바로 사용할 수 있습니다.

예제 파일 다운로드 및 사용 방법

영진닷컴 홈페이지

구글 드라이브

예제 파일 다운로드 방법

1 영진닷컴 홈페이지(고객센터–부록CD 다운로드–IT도서) 또는 구글 드라이브에서 다운로드를 터치한 후, 파일에 저장합니다.

- **영진닷컴 홈페이지**

● **구글 드라이브**

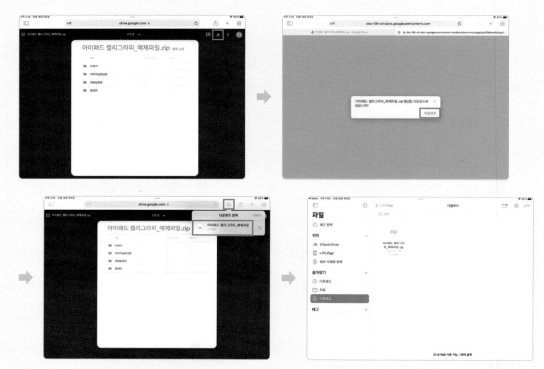

2 파일에서 다운로드받은 압축 파일(.zip)을 터치하면 압축이 풀리면서 폴더가 생성됩니다.

3 체본 및 예제 파일은 갤러리에선 가져오기를 통해, 캔버스에선 동작 > 파일 삽입하기를 통해 불러올 수 있습니다.

브러시/팔레트 다운로드 방법

다운로드받은 폴더의 브러시 또는 팔레트를 터치하면 프로크리에이트로 바로 다운로드가 됩니다.

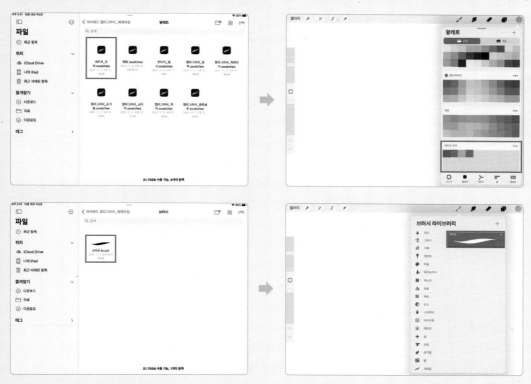

다운로드받은 이미지 체본 만들기

이미지를 불러온 후, 레이어 > N 터치 > 불투명도를 약 15%로 조정하여 글씨를 연하게 만듭니다.
레이어를 추가하여 연한 글씨 위에 따라 쓰며 연습합니다.

목 차

01

프로크리에이트와 친해지기

프로크리에이트의 툴을 살펴보며 기능을 익히는 파트입니다. 낯선 툴에 천천히 적응하며 기초를 다져 봅니다.

CHAPTER

01

프로크리에이트 살펴보기

01

갤러리 살펴보기

1 갤러리란?

프로크리에이트 앱 실행 시 처음 보이는 화면을 갤러리라고 합니다. 갤러리엔 내가 작업한 모든 작업물이 캔버스(작업을 하는 공간) 형태로 있으며 캔버스를 열거나 모아서 폴더를 만들고, 새 캔버스를 만들 수 있습니다. 컴퓨터의 바탕화면과 같은 곳입니다. 앱을 처음 열면 기본 아트워크들이 보입니다.

2 갤러리에서의 캔버스 조작

[캔버스 복제 및 삭제]

갤러리에서 캔버스를 왼쪽으로 스와이프하여 '복제' 또는 '삭제'를 터치합니다. 오른쪽 상단의 '선택'을 터치하여도 됩니다.

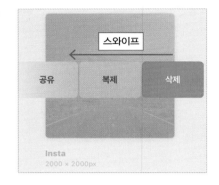

[캔버스 만들기]

갤러리의 오른쪽 상단 '+'를 터치하면 새로운 캔버스 창이 뜹니다. 이 창에서 새 캔버스를 만들고, 내가 만든 캔버스 내역을 볼 수 있습니다.

'스크린 크기', '사각형', 'A4' 등 프로크리에이트에서 기본 제공되는 캔버스들은 터치하면 해당 크기의 캔버스가 바로 생성됩니다. 오른쪽의 폴더 아이콘(■)을 터치하면 '사용자지정 캔버스' 창이 뜨는데 이곳에서 원하는 크기의 캔버스를 만들 수 있습니다.

【 사용자지정 캔버스 】

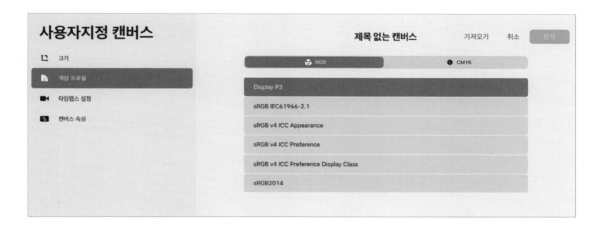

캔버스 이름 변경 : '제목 없는 캔버스' 글자를 터치하여 원하는 캔버스 이름으로 변경합니다.

크기 : 너비와 높이는 캔버스의 가로, 세로 크기이며, 단위 변경이 가능합니다.

- **DPI**[1] : 캔버스의 해상도를 설정합니다. DPI의 숫자가 클수록 깔끔하고 선명한 선을 그을 수 있습니다. 인쇄를 목적으로 할 때는 300dpi로 설정하고, 웹에서만 사용할 땐 최소 72dpi 이상으로 설정합니다.
- **최대 레이어**[2] **수** : 캔버스에서 만들 수 있는 레이어의 최대 개수이며, 선택한 크기와 DPI에 따라 결정됩니다. 캔버스의 크기와 DPI가 클수록 만들 수 있는 최대 레이어 수는 줄어듭니다.

색상 프로필 : RGB[3]는 웹용, CMYK[4]는 인쇄용일 때 선택합니다. 보통 RGB에서는 맨 위에 있는 Display P3나 sRGB IEC61966−2.1, CMYK는 Generic CMYK Profile을 선택하여 사용합니다.

---

1   DPI : 1인치에 들어 있는 점의 수. DPI의 숫자가 클수록 도트가 많고 밀도가 높습니다.
2   레이어 : 작업하는 공간인 캔버스가 스케치북이라면, 레이어는 스케치북의 종이와 비슷한 개념입니다. 상세 설명 033페이지
3   RGB : 빛의 3원색으로 빨간색(Red), 초록색(Green), 파란색(Blue)을 말하며, 영상이나 이미지에서 많이 사용됩니다.
4   CMYK : 색의 3원색인 청록색(Cyan), 자홍색(Magenta), 노란색(Yellow)에 검정색(Black)이 더해진 것으로 인쇄 시 사용하는 색상 모드입니다.

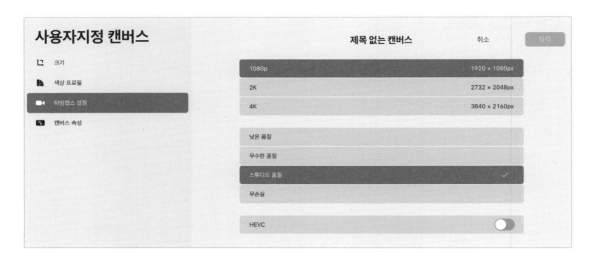

타임랩스 설정 : 캔버스에서 작업하는 과정을 녹화하는 타임랩스를 설정할 수 있습니다. 기본 설정되어 있는 상태로 사용하면 무난합니다.

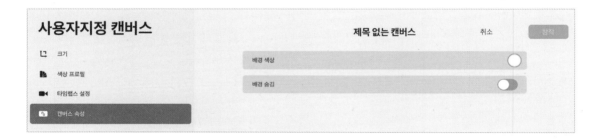

캔버스 속성 : 캔버스를 만들면 흰색의 배경 레이어가 있습니다. '배경 색상'을 터치하여 배경 레이어의 색을 변경하거나 '배경 숨김'을 활성화하여 배경 레이어를 색 없이 투명하게 만들 수 있습니다.

≡ 스택

수업자료
5개의 아트워크

엽서
12개의 아트워크

스택은 여러 개의 캔버스를 그룹화한 것으로, 폴더라고 생각하면 됩니다. 캔버스가 많아졌을 때 스택으로 만들어 놓으면 찾기 쉽고 갤러리가 깔끔하게 정리됩니다.

【 스택 만들기 】

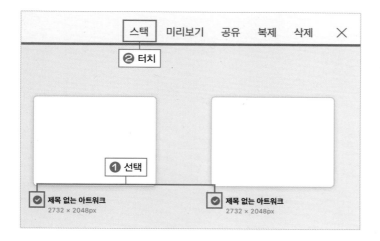

❶ 캔버스를 두 개 이상 선택합니다.

❷ '스택' 글자를 터치하면 스택이 만들어집니다.

〔스택 해제 및 캔버스 이동〕

스택 안에 있는 캔버스를 왼쪽 상단의 스택 글자로 드래그하면 글자가 깜박거린 후 캔버스가 바깥 (갤러리)으로 나옵니다. 스택 안의 모든 캔버스를 갤러리로 옮기면 스택은 자동으로 해제됩니다.

갤러리에 있는 캔버스를 스택으로 드래그하면 스택이 깜박거리면서 캔버스가 스택 안으로 이동됩니다.

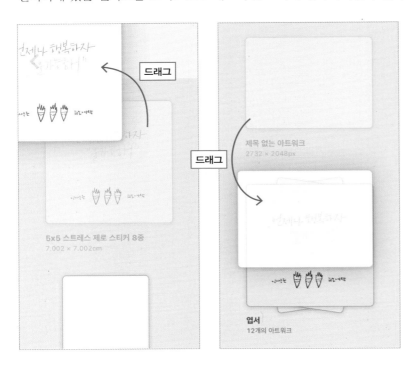

📱 **프로크리에이트** **TIP**

캔버스를 스택 안이나 바깥으로 옮길 땐 펜슬을 바로 떼지 않고 캔버스 위치를 잡은 뒤 떼야 완전히 이동됩니다.

〔미리보기〕

갤러리에 있는 캔버스를 두 손가락으로 벌리면 화면이 커지면서 캔버스를 미리 볼 수 있습니다. 화면을 옆으로 넘기면 다른 캔버스들을 볼 수 있고, 해제하려면 오른쪽 상단의 'X'를 터치합니다. 미리보기 상태에서 두 번 탭하면 해당 캔버스를 열 수 있습니다. 갤러리에 캔버스가 많을 때 어떤 캔버스인지 자세히 보고 싶다면 미리보기로 캔버스를 크게 볼 수 있습니다.

Insta
2000 × 2000px

02

캔버스 살펴보기

왼쪽 상단에는 작업물을 저장하거나 변형 등을 하는 기능 툴이, 오른쪽 상단에는 브러시, 지우개, 레이어 등 글씨를 쓸 수 있는 작업 툴이 있습니다. 왼쪽 사이드바는 브러시의 크기와 불투명도를 조정하는 도구입니다.

❶ **갤러리** : '갤러리' 글씨를 터치하면 갤러리로 나갈 수 있습니다.

❷ **동작**(🔧) : 사진을 삽입하거나 저장하고, 기본적인 인터페이스 설정을 합니다. 상세 설명 040페이지

❸ **조정**(🪄): 색을 조정하고, 다양한 필터 효과를 주는 도구입니다. 상세 설명 048페이지

❹ **선택**(𝘚): 레이어의 원하는 영역을 선택하는 도구로 4가지 모드가 있습니다. 상세 설명 051페이지

❺ **변형(↗)** : 선택된 영역을 변형하는 도구입니다. 상세 설명 054페이지

❻ **브러시(✎)** : 글씨를 쓰거나 그림을 그리는 도구입니다. 상세 설명 031, 066페이지

❼ **스머지(✍)** : 손가락으로 문질러 효과를 줍니다.

❽ **지우개(✐)** : 레이어의 이미지를 지웁니다.

❾ **레이어(▤)** : 레이어 추가/삭제 등 레이어와 관련된 옵션들이 있습니다. 상세 설명 033페이지

❿ **색상(●)** : 현재 선택된 색상이 표시되며, 색상을 선택하는 공간입니다. 상세 설명 059페이지

⓫ **크기 조절** : 브러시, 스머지, 지우개의 크기를 조절합니다. 브러시를 사용할 때 가장 많이 터치하는 곳이며, 슬라이더를 위로 드래그하면 두꺼운 선을 쓸 수 있고 아래로 이동하면 얇은 선을 쓸 수 있습니다.

⓬ **제스처 제어 설정(▢)** : 프로크리에이트를 빠르게 사용할 수 있도록 설정하는 '제스처 제어' 기능이 설정된 곳입니다. 정사각형의 버튼을 터치하면 기본 설정된 원형의 스포이드가 나타나며, '제스처 제어'에서 설정을 변경할 수 있습니다. 상세 설명 026페이지

⓭ **불투명도 조절** : 브러시의 불투명도를 조절합니다. 슬라이더를 아래로 내릴수록 브러시가 투명해집니다.

⓮ **실행 취소(↩)** : 터치하면 마지막 작업이 실행 취소되며, 길게 누르고 있으면 작업들이 연속하여 실행 취소됩니다. 최대 250개의 작업을 실행 취소할 수 있습니다.

⓯ **다시 실행(↪)** : 터치하면 취소한 작업을 다시 실행시킵니다. 길게 누르고 있으면 취소한 작업들이 연속적으로 다시 실행됩니다.

📱 **프로크리에이트 TIP**

사이드바 가운데 버튼을 바깥쪽에서 안쪽으로 밀면 사이드바의 위치를 위아래로 조정할 수 있습니다.

내게 편한
프로크리에이트 세팅하기

인터페이스 설정하기

동작(🔧) > 설정을 터치하여 각자 편의에 맞게 인터페이스를 설정합니다.

❶ **밝은 인터페이스** : '밝은 인터페이스' 글씨 오른쪽에 있는 토글을 터치하여 파란색으로 활성화하면 인터페이스가 밝게 변경되고, 비활성화하면 어둡게 변경됩니다.

❷ **오른손잡이 인터페이스** : 활성화하면 사이드바가 오른쪽에 놓입니다. 내게 편한 위치로 설정하여 사용할 수 있습니다.

❸ **브러시 커서** : 활성화하고 브러시로 글씨를 쓰면 브러시의 모양과 크기가 보입니다. 브러시를 크게 하고 획을 굵게 쓰면 더 잘 보여요. 초반에 선 연습 시, 굵기의 정도를 확인하면서 연습하기에 유용하므로 활성화시켜 놓는 것이 좋습니다.

❹ **유동적인 브러시 크기 조정** : 활성화하면 캔버스 확대/축소에 관계 없이 브러시가 동일한 크기를 유지합니다. 해당 기능을 끄면 캔버스 크기에 따라 브러시 크기도 달라집니다.

❺ **프로젝트 캔버스** : 활성화하면 아이패드와 PC 모니터를 미러링[5] 시 모니터에 인터페이스 없는 큰 화면만 나타나며, 비활성화하면 인터페이스가 모두 보입니다.

❻ **레거시 스타일러스 연결** : 애플 펜슬이 아닌 타사의 펜슬을 연결할 때 사용합니다. 애플 펜슬은 이 연결 설정 없이 사용할 수 있습니다.

❼ **압력 및 다듬기** : 펜슬의 압력을 조절할 수 있습니다. 안정화 메뉴는 드래그하여 흔들리는 선을 부드럽게 만들어 줍니다. 그래프의 곡선을 드래그하면 펜슬의 압력을 조절할 수 있습니다.

- **그래프 가로축** : 왼쪽으로 움직일수록 약한 압력에도 반응이 빨라 조금만 힘을 줘도 굵게 써집니다. 오른쪽으로 움직일수록 펜슬에 강한 압력을 주어야 반응을 보이므로 힘을 세게 주며 써야 합니다.
- **그래프 세로축** : 펜슬의 출력을 설정하며 위쪽은 최대로 나올 수 있는 두께와 불투명도, 아래쪽은 그 반대입니다.

곡선을 탭[6]하면 파란 점을 최대 6개까지 추가할 수 있어 더 세밀하게 조정 가능합니다. 파란 점을 탭하면 삭제 또는 초기화할 수 있으며 '초기화'를 터치하면 처음 기본 설정으로 돌아갑니다.

❽ **빠른 실행 취소 지연시간** : 실행 취소의 속도를 조절할 수 있습니다.

❾ **선택 마스크 가시성** : 레이어의 글씨 및 그림을 선택했을 때 선택이 되지 않은 빗금의 음영을 조절합니다. 값이 높으면 빗금이 진해집니다.

5　미러링 : 스마트기기의 화면을 PC 모니터에 그대로 전송하여 보여 주는 작업
6　탭 : 화면을 톡톡 두드리는 동작. 책에선 '터치'와 같은 개념으로 보면 됩니다.

02

제스처 제어 설정하기

프로크리에이트의 다양한 툴을 손가락과 애플펜슬을 사용하여 좀 더 빠르게 사용할 수 있도록 설정
합니다. 키보드의 단축키와 같은 역할입니다.

1 **제스처 제어 설정 방법** 동작(🔧) > 설정 > 제스처 제어

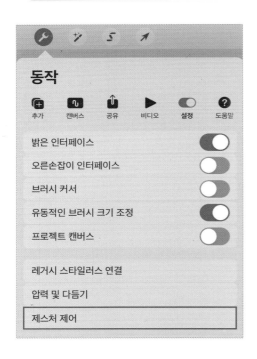

설정을 하다 보면 기능이 중복되는 경우가 생기는데, '제스처 제어'를 활성화하면 중복된 다른 기능
은 느낌표(⚠)가 뜨며 비활성화됩니다. 'Apple Pencil 이중—탭'은 애플펜슬 2세대에서만 적용됩니
다. 제스처 제어는 기본 설정대로 사용하여도 되며, 툴마다 기능을 꼭 활성화할 필요는 없습니다.

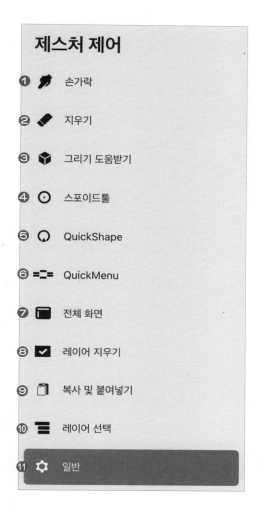

제스처 제어

❶ 🖌 손가락

❷ ◆ 지우기

❸ ◆ 그리기 도움받기

❹ ⊙ 스포이드툴

❺ ◗ QuickShape

❻ =□= QuickMenu

❼ ▭ 전체 화면

❽ ☑ 레이어 지우기

❾ ▯ 복사 및 붙여넣기

❿ ☰ 레이어 선택

⓫ ⚙ 일반

❶ **손가락** : 문지르기 기능을 내가 사용하기 편한 방법으로 설정합니다.

❷ **지우기** : 지우개 기능을 내가 사용하기 편한 방법으로 설정합니다.

❸ **그리기 도움받기** : '그리기 도움받기'는 선이 그리드를 따라 그려지며, 그리드는 '동작 > 캔버스 > 그리기 가이드'를 활성화하면 보입니다.

❹ **스포이드툴** : 캔버스의 글자나 그림, 사진에 있는 색을 추출하는 기능인 '스포이드'를 내가 사용하기 편한 방법으로 설정합니다. 저는 '터치 후 유지'를 사용하고 있습니다.

❺ **QuickShape** : 내가 그린 불규칙한 선 또는 모양을 반듯한 선과 모양으로 바꿔 주는 '퀵세이프'를 내가 사용하기 편한 방법으로 설정합니다. '퀵세이프'의 기본값은 '그리기 후 유지'로 설정되어 있는데 일반적으로 기본값을 많이 사용합니다. 기본값은 펜슬로 원을 그린 후 떼지 않고 기다리면 매끄럽게 바뀝니다. 펜슬을 떼면 상단에 '모양 편집'이 뜨는데 '모양 편집'을 탭하면 만들 수 있는 형태를 선택할 수 있습니다.

❻ QuickMenu : 자주 사용하는 메뉴를 빠르게 불러오기 위한 기능인 '퀵메뉴'를 내가 사용하기 편한 방법으로 설정합니다. 제스처 제어에서 설정한 옵션으로 '퀵메뉴'를 열면 원형의 메뉴 버튼이 보이는데 각 메뉴를 길게 눌러서 자주 사용하는 메뉴를 설정할 수 있습니다.

퀵메뉴에서 설정할 수 있는 메뉴 중 '재채색'은 퀵메뉴에서만 볼 수 있습니다. '재채색'을 터치하면 현재 선택된 색상이 캔버스에 칠해지는데 '+' 모양을 움직여가며 채색의 범위를 조정할 수 있습니다. 또한 컬러피커에서 펜슬을 움직이는 대로 색이 바뀌어 색상 선택을 하기에 편리합니다.

'재채색'은 '선택' 툴의 올가미, 직사각형, 타원을 사용할 때도 활용 가능한데 여러 개의 직사각형을 만든 후 컬러피커에서 색을 드래그하여 채우면 상단 가운데 '재채색으로 채우기 계속'이 뜹니다. 터치하면 '+' 모양과 하단에 '채우기' 슬라이더가 뜨고 선택 영역에 조정하여 사용할 수 있습니다.

❼ 전체 화면 : '전체 화면 모드'를 내가 사용하기 편한 방법으로 설정합니다. 보통 기본값으로 설정된 '네 손가락 탭'을 많이 사용합니다. '전체 화면 모드'가 되면 인터페이스가 모두 사라지고 캔버스만 보입니다.

❽ 레이어 지우기 : 레이어의 내용을 지우는 방법을 설정합니다. 기본값으로 설정된 '문지르기'를 많이 사용합니다.

❾ 복사 및 붙여넣기 : '복사 및 붙여넣기' 옵션을 여는 방법을 설정합니다. '세 손가락 쓸기' 옵션을 많이 사용하며, 책에서도 해당 옵션으로 진행할 예정입니다.

❿ 레이어 선택 : 레이어를 선택하는 방법을 설정합니다. 레이어가 많으면 수정할 레이어를 찾기가 어려운데요. 그 때 이 제스처를 사용하면 레이어를 금방 찾을 수 있습니다.

⓫ 일반 : 4개의 옵션 중 위 두 개의 옵션은 프로크리에이트의 기본 설정된 동작을 비활성화하는 옵션이며 저는 세 번째 '꼬집기 제스처로 회전'만 활성화하여 사용하고 있습니다. '꼬집기 제스처로 회전'은 캔버스를 손가락으로 회전할 수 있는 기능으로, 활성화하여 사용하는 것이 편리합니다. '기본값'은 터치 시 기본 설정 상태로 돌아갑니다.

ㄹ 알아 두면 좋은 기본 제스처

프로크리에이트에서는 손가락 터치를 사용한 제스처로 좀 더 손쉽게 앱을 사용할 수 있습니다. 아래 기본 제스처는 프로크리에이트에서 필수적으로 사용하는 제스처입니다.

실행 취소

두 손가락으로 캔버스를
터치하면 이전 작업으로
되돌아갑니다.

연속 실행 취소

두 손가락으로 캔버스를
길게 터치합니다.

다시 실행

세 손가락으로 캔버스를
터치하면 실행 취소했던
작업이 다시 실행됩니다.

연속 다시 실행

세 손가락으로 캔버스를
길게 터치합니다.

캔버스 확대 / 축소

두 손가락을 바깥으로 벌리면 캔버스가 확대되고, 안쪽으로
모으면 캔버스가 축소됩니다. 캔버스를 꼬집듯 두 손가락을
빠르게 안쪽으로 모아 주면 전체 화면에 맞는 크기로 확대됩니다.

📱 **프로크리에이트** TIP

캔버스에서 갤러리로 나가거나 프로크리에이트를 종료하면 마지막 작업 상태로 저장되므로, 다시 캔버스를 열어도
이전 작업으로 실행 취소할 수 없습니다.

📱 **프로크리에이트** TIP

동작 > 도움말 > 고급 설정 > 단일 터치 제스처 도우미를 활성화하면 실행 취소와 다시 실행 등의 제스처를 터치
하는 창이 뜹니다. 두 손가락 대신 펜슬로 한 번에 터치하여 해당 기능을 사용할 수 있습니다.

03

글씨 쓰는 도구 살펴보기

01

글씨를 쓰는 펜 '브러시'

프로크리에이트는 수백 개의 다양한 브러시를 제공하고 있습니다. 오른쪽 상단의 브러시 아이콘 (✏)을 터치하면 '브러시 라이브러리'가 나타납니다. 이 곳에서 브러시를 선택할 수 있으며, 라이브 러리를 닫으려면 다시 브러시 아이콘을 터치하거나 아무 곳을 탭합니다.

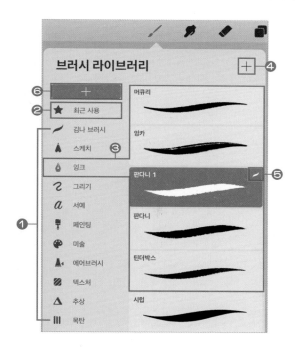

❶ '브러시 라이브러리'의 왼쪽엔 종류별 브러시 세트가 정렬되어 있습니다. 각 세트엔 비슷한 성격 의 브러시가 모여 있습니다.

❷ 최근 사용한 브러시들이 있습니다. 여러 브러시를 사용할 경우 '최근 사용' 브러시에서 찾아 사용 할 수 있습니다.

❸ 브러시 세트를 터치하면 아이콘이 파란색으로 켜지며, 목록에 있던 브러시의 이름과 미리보기가 오른편에 표시됩니다. 원하는 브러시를 터치하면 해당 브러시는 파란색으로 켜지며 사용할 수 있는 상태가 됩니다.

❹ '+' 아이콘을 터치하면 '브러시 스튜디오' 창이 뜹니다. '브러시 스튜디오'에선 기존 브러시를 수정하거나 새 브러시를 만들 수 있는데요. 기존 브러시를 터치해도 '브러시 스튜디오' 창이 뜹니다.

❺ 새 브러시를 만들거나 기존 브러시를 복제한 후 수정하면 브러시 오른쪽 상단에 프로크리에이트 로고가 표시됩니다. 브러시 세트도 마찬가지입니다. 브러시를 왼쪽으로 스와이프하면 공유, 복제, 삭제할 수 있습니다. 기존 브러시는 삭제할 수 없습니다.

❻ 브러시 세트를 아래로 살짝 쓸어내리면 파란색 사각형 안에 있는 '+' 아이콘이 보입니다. 터치하면 새 브러시 세트를 만들 수 있습니다.

02

글씨를 쓰는 종이 '레이어'

1 레이어란?

겹친 사각형 아이콘(▣)을 터치하면 레이어가 나옵니다. 맨 아래는 '배경 색상'으로 기본 색상은 흰색으로 되어 있습니다. 오른쪽 체크박스를 터치하여 끄면 흰색 캔버스가 투명하게 바뀌면서 사각틀이 보이는데 이것이 레이어의 모습입니다.

자음과 모음을 쓴 투명한 종이들을 층층이 쌓아 겹치면 하나의 글자로 보이는데요. 여기서 투명한 종이 한 장이 레이어입니다. 레이어는 독립적이기 때문에 각 레이어마다 개별적으로 수정 및 효과를 적용할 수 있으며, 다른 레이어에 영향을 미치지 않습니다.

ㄹ 레이어 살펴보기

❶ 새 레이어를 추가합니다.

❷ 고정된 레이어로 레이어의 배경색을 선택할 수 있습니다. 흰색이 기본으로 설정되어 있으며, 레이어를 터치하면 컬러피커에서 색상을 변경할 수 있습니다. 배경 색상 레이어는 맨 아래에 있고 레이어 순서를 변경할 수 없습니다. 레이어를 끄면 배경이 투명해집니다.

❸ 레이어를 터치하면 해당 레이어는 파란색으로 표시됩니다. 선택된 레이어의 체크박스가 해제되어 있으면 레이어 내용은 캔버스에 표시되지 않습니다.

❹ 작업한 레이어의 내용이 작은 사각형에 미리 보입니다.

❺ 레이어의 이름을 설정할 수 있습니다. 레이어가 추가되면 레이어 1, 레이어 2 등 추가된 순서대로 레이어 이름이 만들어집니다. 레이어가 많아지면 원하는 레이어를 찾기가 어려워지므로 쉽게 찾을 수 있도록 레이어의 이름을 변경하면 좋습니다.

❻ N을 터치하여 레이어의 불투명도를 조절하거나 혼합 모드를 사용할 수 있습니다. 혼합 모드는 두 개의 레이어에 혼합 효과를 주는 방법으로 여러 모드가 있으며, 캘리그라피에도 많이 사용합니다. 상세 설명 057페이지

❼ 체크박스를 터치하여 레이어를 켜거나 끌 수 있습니다. 레이어가 여러 개 켜져 있는 상태에서 레이어 하나의 체크박스를 길게 누르면 해당 레이어만 보이고 다른 레이어들은 모두 꺼집니다. 다시 체크박스를 길게 터치하면 꺼졌던 레이어들이 다시 표시됩니다.

∃ 글씨를 써 보며 레이어 익히기

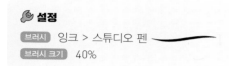

🔧 **설정**

[브러시] 잉크 > 스튜디오 펜 ━━━

[브러시 크기] 40%

[1] 레이어에 '안'을 씁니다. 레이어를 익히기 위한 것이므로 글씨는 잘 못써도 됩니다.

[2] 레이어에서 '+'를 터치하여 레이어를 추가합니다.

3 새로운 레이어에 '녕'을 '안' 위에 겹치게 씁니다.

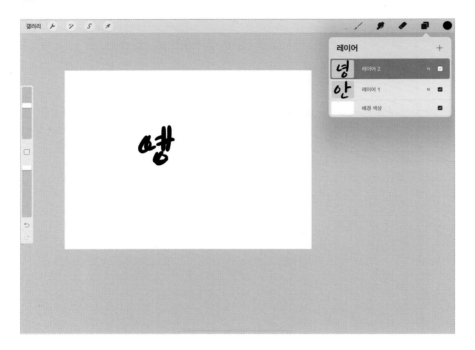

4 '변형'을 터치하면 현재 레이어에 쓴 '녕'만 점선의 사각틀로 선택이 됩니다.

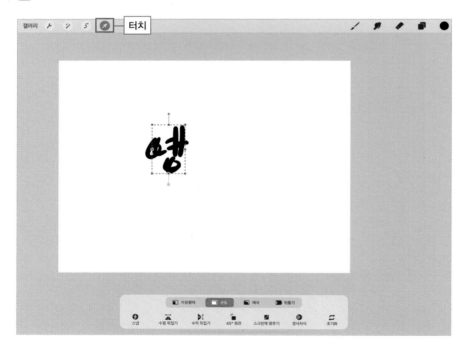

5 선택된 사각 틀을 펜슬을 사용하여 오른쪽으로 움직입니다. 이동하면 아래 레이어에 썼던 '안'이 보입니다. '녕' 글자의 위치를 조정하여 단어 '안녕'을 만들어 봅니다.

📱 **프로크리에이트** TIP

레이어를 추가하여 글씨를 쓰면 해당 레이어의 글씨만 따로 이동 및 수정이 가능하기 때문에, 글씨를 쓸 땐 레이어를 여러 개 추가하여 쓰는 게 좋습니다. 하나의 레이어에 모든 작업을 하면 수정이 매우 어렵습니다.

03

지우개, 스머지, 색상 도구

1 지우개 ✏️

레이어에 쓴 글씨를 지울 땐 '지우개' 아이콘을 터치한 후, 펜슬로 글씨를 드래그하여 지웁니다. 지우개 역시 두 번 터치하면 브러시 라이브러리가 나타나며 지우개도 브러시를 선택하여 지울 수 있습니다. 브러시는 성질에 따라 많이 다르므로 지울 때도 글씨를 썼던 브러시와 같은 브러시를 선택해서 지우는 것이 좋습니다.

2 스머지 🖌️

스머지는 색상을 문질러 혼합하여 번짐 효과를 냅니다. 브러시와 지우개처럼 브러시 라이브러리를 사용할 수 있습니다.

3 색상 ●

다양한 색상을 선택하고 자주 사용하는 색을 저장할 수 있습니다. 오른쪽 상단의 색상 원을 터치하여 색상을 선택할 수 있고, 사용한 색상은 사용기록에 표시됩니다. 상세 설명 059페이지

04

기능 및 작업 툴
좀 더 자세히 들여다보기

01

동작, 조정, 선택, 변형

1 동작

사진을 삽입하거나 저장하고, 인터페이스 설정을 합니다.

【추가】

파일이나 사진을 삽입할 수 있으며, 텍스트를 추가할 수 있습니다.

❶ **파일/사진 삽입하기** : 아이패드에 저장된 파일 및 사진을 캔버스에 삽입할 수 있습니다. 파일은 캔버스에 불러오면 이미지 형태로 삽입됩니다.

프로크리에이트 TIP

갤러리에서 사진을 바로 열면 사진의 규격대로 캔버스가 만들어집니다. 캔버스에서 사진을 열면 캔버스의 규격에 사진 크기를 맞출 수 있습니다.

❷ **사진 촬영하기** : 터치하면 후면 카메라가 작동되며, 사진을 찍어 바로 캔버스에 삽입할 수 있습니다. '파일 삽입하기', '사진 삽입하기', '사진 촬영하기', '붙여넣기'는 왼쪽으로 밀면 '비공개 파일 및 사진'을 삽입하고 촬영할 수 있습니다. 비공개 사진을 불러온 레이어에는 '비공개'라는 단어가 표시되며 타임랩스에 표시되지 않습니다. 체본 위에 글씨를 따라 쓸 경우, 체본을 비공개로 불러오면 타임랩스 영상엔 체본 이미지는 표시되지 않고 내가 쓴 글씨만 나타납니다.

❸ **텍스트 추가** : 텍스트를 입력하고 수정할 수 있습니다. 터치하면 '텍스트'라고 쓰인 파란 박스와 키보드 자판이 뜹니다. 글씨를 키보드 자판에 입력하면 박스에 글씨가 보이며, 박스를 드래그하여 이동하거나 텍스트의 길이를 조정할 수 있습니다.

❹ **자르기/복사하기** : 선택된 레이어의 내용을 자르거나 복사할 수 있습니다.

❺ **캔버스 복사/붙여넣기** : 현재 캔버스의 내용을 복사하여 다른 캔버스에서 붙여넣을 수 있습니다. 캔버스에 보이는 모든 내용이 복사됩니다.

〔 캔버스 〕

캔버스를 자르거나 크기를 조정하고, 그리기 가이드와 애니메이션 어시스트를 설정할 수 있습니다.

❶ **잘라내기 및 크기변경** : 설정에서 캔버스 크기와 DPI를 변경할 수 있습니다.

❷ **애니메이션 어시스트** : 활성화하면 움직이는 이미지를 만들 수 있습니다.

❸ **페이지 보조** : 활성화하면 애니메이션 어시스트처럼 하단에 프레임이 생깁니다. 하나의 페이지는 하나의 레이어와 같으며, 세로로 쌓여 있는 레이어를 가로로 눕혀서 펼친 거라고 보면 됩니다. ('새로운 페이지'를 터치하면 새 페이지가 생기고, 레이어 역시 새로 생깁니다. 레이어를 그룹으로 묶으면 그룹화한 레이어들은 하나의 페이지로 보입니다.)

❹ **그리기 가이드** : 활성화하면 기본 설정된 격자무늬인 2D 그리드가 보입니다. 그리드는 드로잉의 보조 도구 역할을 하며, 그리기 가이드를 켜면 아래 '그리기 가이드 편집'이 활성화되어 설정을 변경할 수 있습니다상세 설명 043페이지. 그리기 가이드가 켜져 있는 상태에서 이미지를 저장하여도 이미지에 표시되지 않으며, 타임랩스 영상에도 보이지 않습니다.

❺ **레퍼런스** : 캔버스에 그림을 그리거나 글씨를 쓸 때 참고할 수 있는 화면입니다. 활성화하면 작은 창이 캔버스 위에 뜨는데요. 상단 중앙의 회색 바를 드래그하여 원하는 위치로 이동할 수 있고, 하단의 모서리를 움직여 레퍼런스 창의 크기를 조정할 수 있습니다. 오른쪽 상단의 'X'를 터치하면 종료됩니다.

❻ **수평/수직 뒤집기** : 터치하면 현재의 캔버스가 가로 또는 세로로 뒤집힙니다.

❼ **캔버스 정보** : 캔버스의 정보를 볼 수 있습니다.

🔊 그리기 가이드

그리드는 하단의 4가지 모드로 설정합니다. 그리드 안에 있는 파란 점을 터치한 채로 드래그하면 그리드를 이동할 수 있고, 녹색 점은 그리드를 회전시킵니다. 두 점 중 하나를 탭하여 초기화를 누르면 원래대로 돌아갑니다. 상단의 색상 막대를 터치한 상태에서 좌우로 드래그하여 안내선의 색상을 조정할 수도 있습니다. 편집을 취소 및 완료하려면 오른쪽 상단의 '취소' 또는 '완료'를 터치합니다.

▶ **2D 격자** : 정사각형의 그리드로, 2차원 평면을 만드는 데 도움을 줍니다.

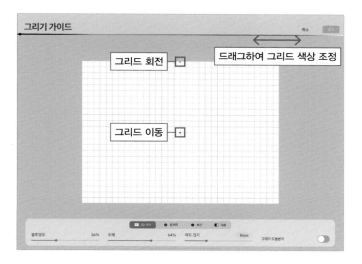

▶ **등거리** : 대각선 그리드입니다.

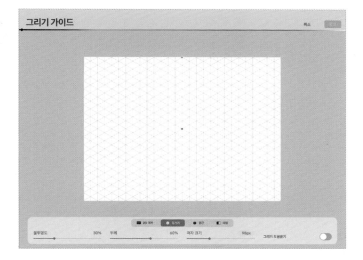

▶ 원근 : 평면 위에 3차원의 입체적 공간을 표현하는 데 도움을 줍니다. 소실점[7]을 찍어 투시도법을 사용하며 소실점의 개수에 따라 1점 투시, 2점 투시, 3점 투시 등으로 불립니다. 건물이나 골목길 등의 공간감과 거리감을 표현하는 그림을 그릴 때 많이 사용합니다. 캔버스의 아무 곳을 터치하면 파란 점과 파란 선이 생기는데 파란 점은 소실점이며, 파란 선은 물체를 보는 내 눈높이 선입니다. 소실점은 파란 점을 터치하여 삭제할 수 있습니다.

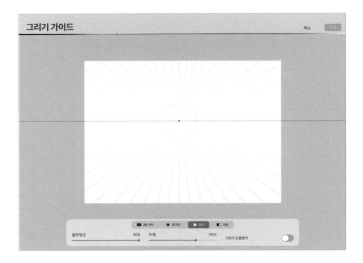

▶ 대칭 : 선의 대칭을 표현하는 데 도움을 줍니다. 기본 설정은 수직 대칭 가이드이며, 오른쪽 하단의 옵션을 터치하여 수평, 사분면, 방사상으로 변경할 수 있습니다. 파란 점을 움직여 선을 이동할 수 있고, 녹색 점을 움직여 선을 회전할 수 있습니다.

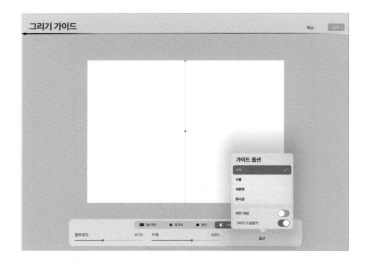

---

7 소실점 : 선들을 연장했을 때 만나는 점

【공유】

파일을 저장하고, 공유할 수 있습니다.

이미지 공유

❶ **Procreate** : 프로크리에이트 파일 형식으로 내보냅니다. 이 형식으로 내보내면 모든 레이어 및 효과가 그대로 유지되어 저장됩니다.

❷ **PSD** : 포토샵 파일 형식으로 내보냅니다. 포토샵에서 열면 현재 레이어가 모두 유지되어 나타납니다.

❸ **PDF** : PDF 파일 형식으로 내보냅니다. 캔버스에 보이는 모든 아트워크를 하나의 이미지로 합쳐 내보냅니다. PDF는 인쇄소에 보낼 때 많이 사용하는 파일 형식입니다.

❹ **JPEG** : JPEG 이미지로 내보냅니다. 이미지 저장 시 가장 보편적으로 사용합니다. 캔버스에 보이는 모든 아트워크를 하나의 단일 이미지로 압축하여 저장하며, GIF보다 화질이 좋습니다.

❺ **PNG** : PNG 이미지로 내보냅니다. JPEG보다 화질이 좋은 이미지로 저장되며, 투명한 이미지로 저장할 수 있습니다.

❻ **TIFF** : TIFF 파일 형식으로 내보냅니다. PDF 파일과 마찬가지로 하나의 이미지로 합쳐 내보내며 고품질로 인쇄 시에도 사용합니다.

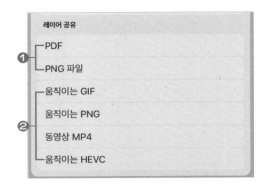

레이어 공유

❶ **PDF / PNG 파일** : 캔버스에 보이는 모든 아트워크의 레이어가 각각 개별 이미지로 저장되어 내보내집니다.

❷ **움직이는 GIF / 움직이는 PNG / 동영상 MP4 / 움직이는 HEVC** : 움직이는 파일 형식으로 내보냅니다.

🔊 파일 공유와 백업

▶ 아이패드에서 애플 제품으로 공유하기
Air Drop[8]을 사용하여 공유할 수 있습니다. 아이패드 오른쪽 상단을 살짝 아래로 내려 보면 제어 센터가 뜨는데 Air Drop 아이콘(⬆)을 파란색으로 활성화시킵니다. Air Drop 설정은 아이패드 설정(⚙) > 일반 > Air-Drop에서도 가능합니다.

▶ 아이패드에서 다른 기기로 공유하기
iCloud, 네이버 클라우드 등의 클라우드 서비스를 이용하여 공유하거나 센드 애니웨어, 드롭박스 등의 파일 공유 앱을 이용하여 공유할 수 있습니다. 카카오톡 등 메신저를 이용하여 공유할 수도 있습니다. 카카오톡으로 전송 시 카카오톡 설정 > 채팅 > 사진 화질을 '원본'으로 바꿔 주어야 이미지 화질 손상 없이 전송됩니다.

▶ 백업
백업은 수시로 하는 것이 좋습니다. 여러 파일을 백업할 때는 갤러리에서 '선택'으로 파일 선택 후 '공유'를 터치, Procreate 형식으로 내보냅니다. 파일은 아이패드나 클라우드에 저장합니다.

---

8   Air Drop : 애플 제품 간 사진, 동영상, 문서 등을 공유할 수 있는 기능

【 비디오 】

캔버스의 모든 작업 과정을 기록하고 영상을 보거나 내보냅니다. 캔버스를 만들면 타임랩스 녹화가 기본적으로 활성화되어 있습니다. 토글을 터치하면 회색으로 비활성화되어 캔버스의 작업 과정이 녹화되지 않습니다.

🔊 아이패드 화면 전체 녹화 방법

아이패드의 '화면 기록' 기능을 사용하여 캔버스뿐 아니라 아이패드의 전체 화면을 녹화할 수 있습니다.

아이패드 설정 (⚙) > 제어센터 > 화면 기록의 '+'를 터치하면 '제어 센터에 포함된 항목'으로 이동됩니다.

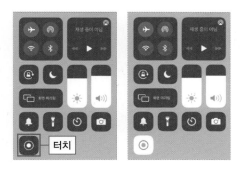

캔버스로 돌아와서 오른쪽 상단을 아래로 가볍게 내려 주면 제어 센터가 뜹니다. '화면 기록' 버튼을 터치하면 3초 카운트다운 후 빨간색으로 바뀌면서 녹화가 시작됩니다. 버튼을 다시 터치하면 종료되며, 영상은 아이패드 갤러리에 저장됩니다.

2 조정 ✏

색을 조정하고, 다양한 필터 효과를 적용합니다. 조정의 모든 메뉴는 레이어 모드와 펜슬 모드가 있는데 레이어 모드는 효과를 레이어에 적용하고, 펜슬 모드는 브러시에 효과를 적용합니다.

【색 조정】

이미지의 색을 슬라이더 및 그래프로 조정합니다.

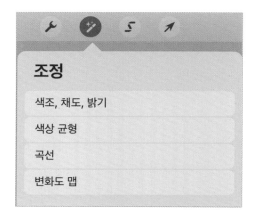

【흐림 효과】

이미지를 흐리게 만드는 효과입니다. 모든 효과는 슬라이더로 조정하며, 효과 적용 후 끝내려면 '조정' 아이콘을 터치하거나 화면을 터치 후 '적용'을 탭합니다. 흐림 효과는 알파 채널 잠금이 켜진 상태에선 적용되지 않으므로, 알파 채널 잠금 해제(레이어 터치 > 알파 채널 잠금 터치) 후 진행합니다.

【 효과 필터 모음 】

이미지에 다양한 효과를 주는 필터들입니다. 사용 방법은 흐림 효과와 동일합니다.

❶ 노이즈 효과

❷ 선명 효과

❸ 빛산란

❹ 글리치

❺ 하프톤

❻ 색수차

❶ **노이즈 효과** : 이미지에 거친 느낌을 주며, 빈티지한 분위기를 표현할 때 효과적입니다. 슬라이더를 오른쪽으로 이동할수록 노이즈 정도가 높아집니다. 이미지 없는 빈 레이어에도 적용 가능합니다.

❷ **선명 효과** : 이미지를 선명하게 조정합니다. 슬라이더를 오른쪽으로 이동할수록 더 선명해집니다.

❸ **빛산란** : 이미지에 빛이 퍼지는 효과를 적용합니다. 슬라이더를 오른쪽으로 이동할수록 빛이 더 많이 퍼집니다. 3가지 방식(전환효과, 크기, 번)으로 빛의 강도를 조정합니다.

❹ **글리치** : 이미지가 손상된 듯한 왜곡 효과를 줍니다. 4가지 효과(인공결함, 파동, 신호, 분기)를 선택할 수 있습니다.

❺ **하프톤** : 점으로 만든 패턴 효과이며 상단의 슬라이더로 전체 크기를 조정합니다.

❻ **색수차** : 초점이 안 맞아 사물이 겹쳐 보이는 현상입니다. 사진에서는 이미지의 경계면에 주로 발생하며 색이 흐리거나 겹쳐 보입니다. 디스크를 이동하여 색수차 초점의 각도를 조정하고, 상단 슬라이더로 색수차의 양를 조정합니다.

〔기타 조정 효과〕

왜곡과 복제 효과를 만들 수 있습니다.

❶ **픽셀 유동화** : 손가락이나 펜슬로 이미지의 픽셀[9]을 움직이며 원하는 모양으로 만드는 효과입니다. 하단 메뉴에 픽셀 유동화의 10가지 방식이 있으며, 모든 방식은 크기와 압력, 왜곡과 탄력을 조정할 수 있습니다. 픽셀 유동화는 그림을 그릴 때 좀 더 손쉬운 수정이 가능합니다. 알파 채널 잠금 상태에선 적용이 안되므로, 해제 후 진행합니다.

❷ **복제** : 원 안을 터치하여 복제하고 싶은 영역으로 드래그합니다. 그 다음, 원 밖의 다른 곳을 터치한 상태로 드래그하면 원이 움직이면서 원 주변의 영역들이 내가 터치한 곳에 그대로 복제되어 칠해집니다.

---

9 픽셀 : 화면을 구성하는 가장 작은 단위의 점 =화소

ㅌ 선택 (S)

레이어의 원하는 영역을 선택하는 툴입니다. 아이콘을 터치하면 하단에 영역을 선택할 수 있는 4가지의 모드가 나오며, 각 메뉴엔 8개의 하위 메뉴가 있어 선택한 영역에 색을 채우거나 지우는 등의 기능을 사용할 수 있습니다.

【자동】

'자동'을 터치한 후 이미지에서 선택하고 싶은 영역을 탭하면 그 영역과 연결된 부분은 자동으로 선택이 되며 보색으로 바뀝니다. 펜슬을 터치한 상태에서 좌우로 움직여 상단 슬라이더의 '선택 한계값'을 조정할 수 있습니다. 터치한 영역엔 + 아이콘이 나타나며, 오른쪽으로 움직일수록 많은 영역이 선택됩니다. 선택 한계값은 마지막에 조정한 값으로 저장됩니다.

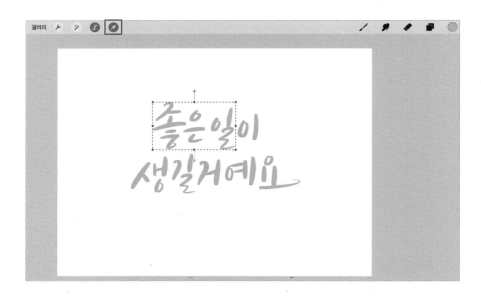

'자동' 모드로 글씨를 선택한 상태에서 '변형' 아이콘(➚)을 터치하면 선택한 영역이 점선의 상자 안에 들어갑니다. 그 상태에서 '변형' 툴을 사용하여 위치, 크기 등을 변경할 수 있습니다.

【 올가미 】

원하는 영역을 손가락 또는 펜슬로 직접 드래그하여 선택 영역을 만듭니다. 드래그하지 않고 터치만 하여도 터치한 곳까지 점선이 이어지며 선택 영역이 만들어집니다. 한번 생긴 점선은 중간에 펜슬이나 손가락을 떼도 없어지지 않습니다. 이 상태에서 '변형' 아이콘(➚)을 누르면 해당 영역이 사각 박스로 만들어지며 이동 및 변형이 가능합니다.

〔직사각형 & 타원〕

원하는 영역을 직사각형과 타원 모양으로 선택할 수 있습니다. '색상 채우기'가 켜진 상태에서 해당 메뉴를 사용하면 직사각형과 타원이 만들어진 곳에 현재 선택된 색상이 자동으로 채워집니다. 캘리 그라피 부분만 색을 바꾸고 싶다면 레이어 옵션 > 선택 또는 알파채널잠금으로 바꿀 수 있습니다.

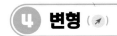 **변형** (✐)

'변형' 아이콘을 터치하면 현재 레이어에 점선의 사각 박스가 생기는데 이 점선 사각 박스를 원하는 형태로 변형합니다.

〔이동〕

이동할 때는 원하는 곳으로 드래그합니다. 손가락이나 펜슬로 화면을 두드려도 이동이 가능하며, 두드리는 방향으로 움직입니다. 일정한 간격으로 세밀하게 이동할 때 유용합니다.

❶ 박스의 파란 점을 터치한 상태에서 움직이면 선택된 이미지를 확대/축소하거나 모양을 변형할 수 있으며, 너비와 높이가 표시됩니다. 파란 점을 터치하면 너비와 높이를 직접 입력할 수 있습니다.

❷ 박스의 녹색 점은 선택된 이미지를 회전하는 데 사용합니다. 터치한 상태로 움직이면 회전의 각도가 표시됩니다.

❸ 박스 하단의 노란 점을 움직이면 선택된 이미지의 점선 사각 박스만 회전하며, 이미지는 회전되지 않습니다. 터치한 상태로 움직이면 회전의 각도가 표시됩니다.

【 자유형태 】

내가 원하는 비율로 자유롭게 움직일 수 있습니다. 파란 점을 탭하여 가로와 세로 크기를 조정할 수 있습니다.

【 균등 】

이미지를 균일한 비율로 유지하며 변형합니다. 파란 점을 터치한 채로 드래그하면 일정한 비율로 확대/축소됩니다.

【왜곡】

박스 모서리의 파란 점을 터치한 채로 드래그하여 이미지의 모양을 변형합니다. 왜곡은 선택한 지점만 움직여 변형할 수 있으며, 글씨의 기울기를 변형할 때 사용할 수 있습니다.

【뒤틀기】

뒤틀기는 박스의 모서리나 박스 안의 격자를 드래그하여 내가 원하는 방향으로 이미지를 뒤틀 수 있습니다. 모서리의 파란 점을 드래그하여 이미지가 접히는 효과를 연출할 수도 있습니다. 고급 메쉬는 뒤틀기에만 있는 하위 메뉴로, 파란 점들이 박스 안에 추가되어 좀 더 개별적으로 세밀하게 조정할 수 있습니다.

02

레이어 혼합 모드(블렌드 모드)

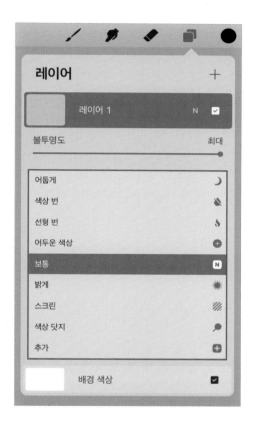

레이어 혼합 모드는 두 개의 레이어에 있는 색을 다양한 방법으로 혼합하는 방식입니다. 여러 모드가 있으며 위아래로 움직여 선택합니다. 모드를 선택하면 레이어에 해당 모드의 약어가 표시되어 어떤 모드가 적용됐는지 확인할 수 있습니다. 기본 모드는 '보통'이며, N으로 표시됩니다. 터치 한 번으로 다양한 효과를 줄 수 있어 캘리그라피에서도 간편하게 사용하기 좋은 효과입니다.

사진 위에 글씨를 쓸 경우, 글씨 레이어의 혼합 모드를 변경하면 아래 사진 레이어의 색상과 혼합되어 글씨에 다양한 효과가 입혀집니다.

〔 간단하게 파악하는 혼합 모드 〕

'보통' 모드를 기준으로 위는 좀 더 어둡게, 아래는 '밝은 색상' 모드까지 좀 더 밝게 적용됩니다. '오버레이'부터 '하드 혼합'까지는 색상의 어두운 효과와 밝은 효과가 같이 적용됩니다. 그 외 모드는 색상을 다양한 방식으로 혼합합니다.

〔 많이 사용하는 혼합 모드 〕

어두운 효과에서는 '곱하기', 밝은 효과에선 '스크린'을 많이 사용하며, '오버레이'도 많이 사용하는 효과입니다. 여러 모드를 적용하다 보면 많이 사용하지 않는 모드 중에서도 자주 사용하는 모드가 생길 수 있습니다. 블렌드 모드를 다양하게 적용해 보며 내게 맞는 모드를 찾아보세요.

03

색상

1 컬러피커 살펴보기

❶ 색상 원은 현재 선택된 색상이 표시됩니다. 길게 터치하면
바로 이전에 사용했던 색상이 나오고, 다시 길게 터치하면
현재 색상이 표시됩니다. 색상 원을 터치하면 컬러피커에
서 색상을 선택할 수 있습니다.

❷ 왼쪽 사각형은 현재 사용하는 색상이, 오른쪽 사각형은 보
조 색상이 표시됩니다.

❸ 작업했던 색상 내역이 표시됩니다. 왼쪽이 가장 최근에 사
용한 색상이며, 최대 10개까지 표시됩니다. 내역을 지우려
면 오른쪽의 '지우기'를 터치합니다.

❹ 기본값으로 선택된 색상 팔레트가 표시됩니다. 팔레트는
오른쪽 하단의 '팔레트'에서 선택 및 변경 가능하며, 내가
자주 쓰는 팔레트를 기본값으로 설정하면 편리하게 사용할
수 있습니다.

🖥 프로크리에이트 TIP

컬러피커 상단 중앙의 작은 회색 바를 움직
이면 컬러피커가 분리됩니다. 분리된 컬러피
커는 위치를 자유롭게 조정하여 사용할 수
있으며, 그림을 그릴 때 유용하게 사용할 수
있습니다. 원래대로 되돌리려면 오른쪽 상단
의 'X'를 터치합니다.

② 색상 모드 살펴보기

〔디스크〕

색상 디스크의 바깥 원은 색조를 선택할 수 있으며, 안쪽 원은
채도를 선택할 수 있습니다. 안쪽 원은 두 손가락으로 벌리면
확장할 수 있습니다.

색상은 터치한 채로 드래그하여 선택하는데, 드래그할 때 보
이는 작은 원의 왼쪽엔 마지막에 사용한 색상이, 오른쪽엔 현
재 선택된 색상이 표시됩니다.

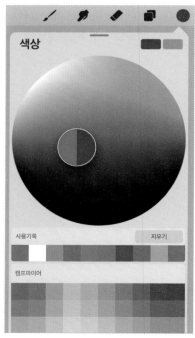

안쪽 원인 채도 디스크에서 선택한 색상을 두 번 탭하면 선택 색상에 가장 가까운 색이 선택됩니다. 순수한 흰색이나 검정 등을 선택할 때 많이 사용합니다.

【 클래식 】

작은 원을 드래그하여 색을 선택합니다. 아래 3개의 슬라이더 는 맨 위부터 순서대로 색조, 채도, 명도이며 슬라이더를 움직 여 조정합니다.

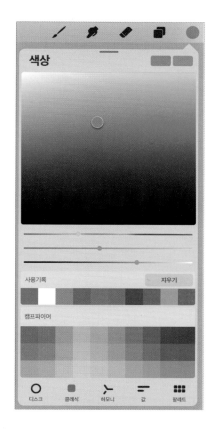

【하모니】

하모니는 2~4개의 작은 원을 드래그하여 색상과 채도를 선택할 수 있습니다. 원의 가장자리로 갈수록 채도가 높아지며, 원 안쪽으로 올수록 채도가 낮아집니다. 명도는 아래 슬라이더를 드래그하여 조정할 수 있습니다.

왼쪽 상단의 작은 글자를 터치하면 5개의 모드가 나오며, 원하는 모드를 선택하여 사용할 수 있습니다.

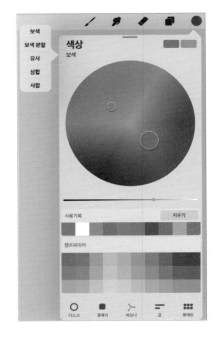

【값】

색상을 숫자 값으로 입력하여 정확한 색을 선택할 수 있습니다. 슬라이더를 움직여도 선택이 가능합니다. 값은 하나가 변경되면 그에 맞게 색상 모델의 값도 변경됩니다.

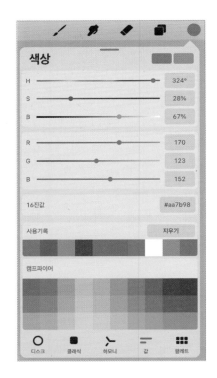

〔 팔레트 〕

팔레트는 주제가 같은 색상들로 구성되어 있습니다. 기본으로
제공되는 팔레트 외에도 내가 자주 사용하는 색들을 팔레트로
만들거나 공유할 수 있습니다.

소형 : 팔레트의 색상을 작게 표시합니다.

카드 : 팔레트의 색을 크게 표시합니다. 색상을 터치하여 이름
을 변경할 수 있습니다.

> 🖥 **프로크리에이트** **TIP**
>
> 동작 > 도움말 > 고급설정 > 색상 설명 알림을 활성화하면 내가 선택
> 한 색상의 이름이 화면 상단 중앙에 뜹니다.

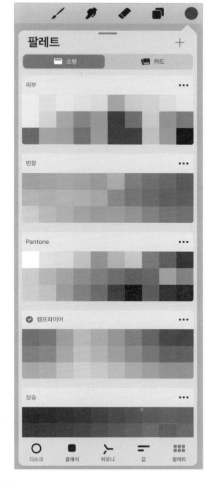

팔레트 추가 : 오른쪽 상단의 '+'를 터치한 후 '새로운 팔레트
생성'을 탭하면 빈 팔레트가 생성됩니다. 그 외에 카메라, 파
일, 사진 앱으로 만드는 팔레트는 각 방식으로 선택한 이미지
의 색상들이 팔레트로 생성됩니다.

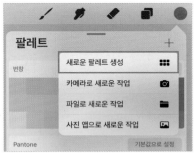

색 추가 : 새로운 팔레트의 빈 공간을 터치하면 현재 선택된
색상이 팔레트에 추가됩니다.

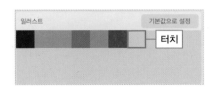

팔레트 공유/복제/삭제 : 팔레트 오른쪽 상단의 점 세개 버튼을 눌러 팔레트 공유, 복제, 삭제를 할 수 있습니다.

팔레트 색 삭제/설정 : 팔레트에 있는 색상을 길게 터치한 후, '색상 견본 삭제'를 터치하면 색상이 삭제됩니다. '현재 색상 설정'을 터치하면 팔레트에 있는 색상이 현재 선택된 색상으로 바뀝니다.

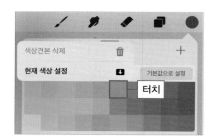

팔레트 이동/기본값 설정 : 팔레트의 이름 옆 공간을 길게 터치한 후 위아래로 드래그하면 이동할 수 있습니다. 자주 사용하는 팔레트는 '기본값으로 설정'을 터치하여 사용합니다.

🔊 스포이드

이미지에 있는 색은 '스포이드'로 추출할 수 있습니다. '스포이드'는 이미지의 원하는 색상을 손가락으로 길게 누르면 나타납니다. 동작 > 설정 > 제스처 제어에서 설정을 변경할 수 있습니다.

🔊 컬러드롭

색상 원을 터치한 상태로 글씨까지 드래
그&드롭하면 글씨에 색상을 입힐 수 있습
니다.

색상을 컬러드롭 후, 펜슬을 떼지 않고 좌
우로 움직이면 '컬러드롭 한계값'을 조정
할 수 있습니다. 값이 작으면 색상이 적용
되는 범위가 작아지며, 값이 클수록 색상
이 적용되는 범위가 커집니다.

CHAPTER

05

캘리그라피의 중요한 도구, 브러시

SECTION

01 캘리그라피에 많이 사용하는 브러시

02 브러시 스튜디오

03 브러시 커스텀하기

04 도장 브러시 만들기

01
캘리그라피에 많이 사용하는 브러시

1 잉크

'스튜디오 펜'과 '드라이 잉크'는 어디에나 무난히 사용하기에 좋은 브러시입니다. '스튜디오 펜'은 깔
끔한 획을 표현하기 좋고, '드라이 잉크'는 약간 거친 질감의 획을 표현하기 좋습니다.

브런치   브런치

'스튜디오 펜' 사용   '드라이 잉크' 사용

'머큐리'와 '틴더박스'는 펜슬의 기울기에 따라 질감이 다르게 표현됩니다.

브런치   브런치

'머큐리' 사용   '틴더박스' 사용

'세필'은 얇은 볼펜과 비슷한데 필압이 없어 굵기 표현이 불가하고, 내가 쓰는 글씨들이 사실적으로
표현됩니다. '마커'는 질감은 좋으나 세필 브러시처럼 획이 쓰는 그대로 표현되는 편입니다. 내가 획
을 쓸 때 약간의 손 떨림이 있다면 그대로 획에 나타나는 것이지요.

브런치   브런치

'세필' 사용   '마커' 사용

캘리그라피를 할 땐 필압이 있어 굵기를 표현할 수 있는 브러시를 추천하고 있는데요. 필압이 없는 펜을 선호하거나 펜 캘리그라피를 좋아한다면 그에 맞는 브러시를 사용하여도 괜찮습니다. '잉크 세트'에 있는 다른 브러시들도 한 번씩 써 보고 내게 맞는 브러시를 찾아보세요.

② 서예

'분필'과 '셰일 브러시'는 질감이 비슷한데요. '셰일 브러시'는 '분필'보다 선이 좀 더 부드럽게 표현됩니다. 앞서 얘기한 '세필'이나 '마커'는 내가 쓰는 대로 사실적으로 써지는데 '셰일 브러시'는 그 반대라고 보면 됩니다. 다만, 이 브러시는 보정 기능이 많이 들어가다 보니 선이 따라오는 느낌이 드는데요. 그래서 내가 원하는 대로 획이 써지지 않는 경우도 생깁니다.

'분필' 사용   '셰일 브러시' 사용

'수성 펜'은 문지른 듯한 효과가 나오고, '브러시 펜'은 필압에 따라 잉크의 농도가 달라집니다.

'수성펜' 사용   '브러시 펜' 사용

'스크립트'는 제가 초반에 많이 사용했던 브러시입니다. 이 브러시 역시 '셰일 브러시'처럼 선이 부드럽게 표현되는데요. 많이 부드럽게 써지다 보니 사용 시 불편감이 있어 나중엔 제가 쓰기 편하도록 브러시를 만들어 사용하고 있습니다. '모노라인'은 그림이나 한글, 영문을 쓸 때도 많이 사용하는 편입니다. 이 외의 다른 브러시들도 골고루 사용해 보고, 제가 말씀드린 브러시가 아니더라도 내 성향에 맞춰 사용하는 것이 좋습니다.

'스크립트' 사용   '모노라인' 사용

02

브러시 스튜디오

브러시 스튜디오는 새로운 브러시를 만들거나 기존 브러시를 커스텀할 수 있는 곳입니다. 브러시를 만들기 위해 브러시 스튜디오를 살펴봅니다.

1 브러시 스튜디오 들어가기

'브러시 라이브러리' 오른쪽 상단의 '+' 버튼을 터치하면 브러시 스튜디오로 들어갈 수 있으며, 새 브러시를 만들 수 있습니다.

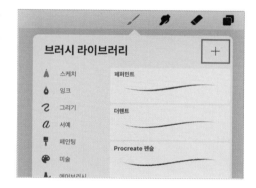

기존 브러시를 커스텀하려면 커스텀할 브러시를 선택한 후 터치하여 브러시 스튜디오로 들어가며, 해당 브러시에 적용된 속성들을 편집합니다.

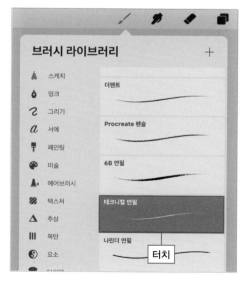

2 브러시 스튜디오 속성 살펴보기

[브러시 스튜디오 구성]

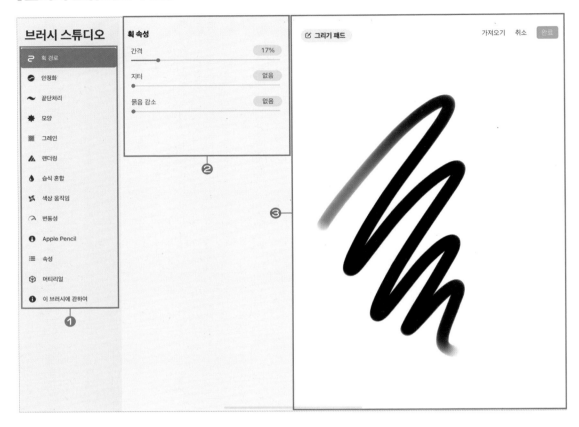

❶ **속성** : 브러시를 만드는 12가지의 속성들을 선택할 수 있습니다.

❷ **설정** : 각 속성의 값을 조정하고 변경할 수 있는 공간입니다.

❸ **그리기 패드** : 만든 브러시가 어떻게 적용되는지 미리 그려 보며 확인할 수 있는 공간입니다.

【 획 경로 】

브러시 모양(점)의 간격, 브러시 모양
의 분산 설정 등 펜슬로 그리는 획의
속성을 설정하는 곳입니다.

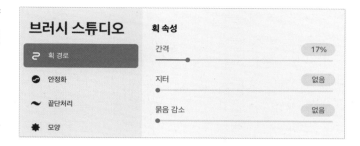

【 안정화 】

안정화 속성은 흔들리는 선을 좀 더
부드러운 획으로 만들어 줍니다.

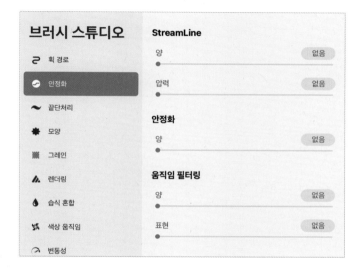

【 끝단처리 】

획의 시작과 끝부분의 굵기, 불투명도 등을 조절하는 공간입니다. 끝단처리를 활용하여 캘리그라피 글씨체에 어울리는 브러시를 만들 수 있습니다.

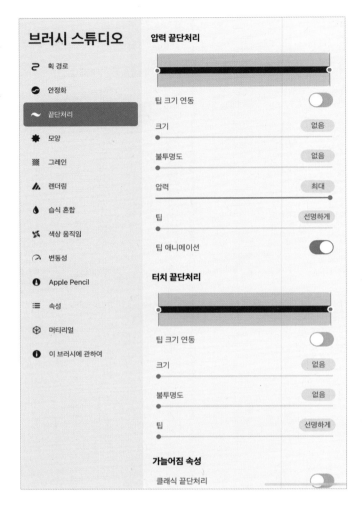

【모양】

브러시의 모양을 설정하는 곳입니다. 브러시를 캔버스에 찍으면 브러시의 모양이 찍히는데, 펜슬을 떼지 않고 그으면 모양이 이어지면서 선이 됩니다.

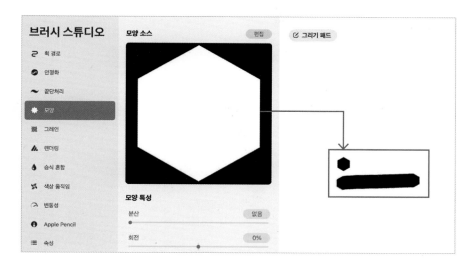

모양 소스 / 모양 편집기

브러시의 모양을 변경하는 곳입니다. 오른쪽의 '편집'을 터치하여 모양 편집기로 들어가며, 왼쪽 상단의 '가져오기'를 터치하여 원하는 모양을 삽입한 후, '완료' 버튼을 터치하면 모양이 변경됩니다.

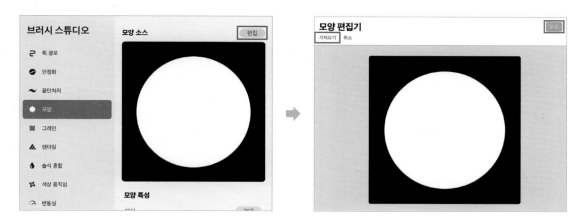

〔 그레인 〕

그레인은 브러시 모양 안에 있는 질감이며, 그레인 속성에서 질감을 조절할 수 있습니다.

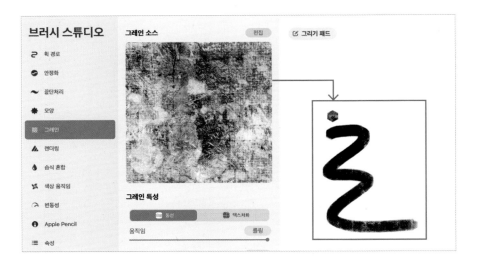

그레인 소스 / 그레인 편집기

모양 편집기와 마찬가지로 '가져오기'에서 그레인 소스를 변경할 수 있습니다. 그레인은 직접 그린 그림, 패턴이나 사진 등을 선택할 수 있고, 나무, 돌 등 다양한 소재로 질감을 만들 수 있습니다.

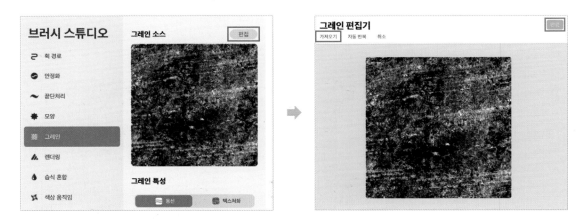

〖 렌더링 〗

캔버스에서 획과 색상이 혼합되는 정
도나 방식을 설정합니다.

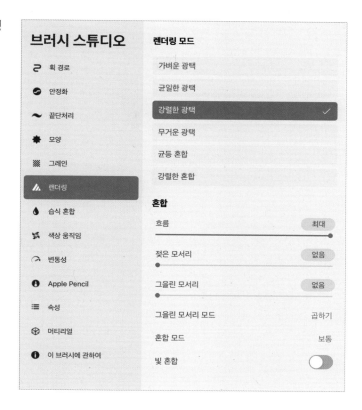

〖 습식 혼합 〗

브러시에 물 느낌을 더하는 방식으
로, 혼합되는 물과 색상의 정도를 조
절합니다.

【색상 움직임】

애플 펜슬의 압력과 기울기에 따라 색상, 채도, 밝기 등을 변경할 수 있습니다. 하나의 선에 다양한 색을 낼 수 있습니다.

【변동성】

획의 속도, 브러시 크기 등에 무작위로 변화를 줍니다. 브러시 압력이나 기울기에 영향을 받지 않습니다.

【Apple pencil】

브러시 크기, 불투명도 등 브러시의 기본 동작에 영향을 주는 애플 펜슬의 압력과 기울기를 설정합니다. 이 속성은 다른 속성의 압력과 기울기보다 우선적으로 적용됩니다.

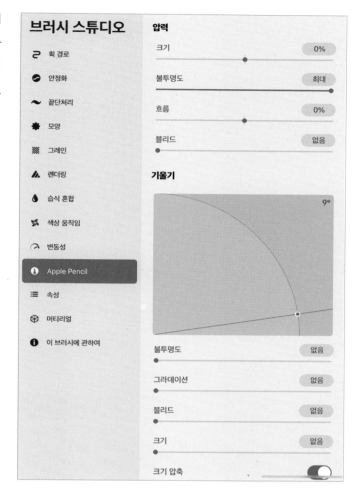

【속성】

브러시 라이브러리의 미리보기와 프로크리에이트 인터페이스에서 작동하는 방식을 설정합니다.

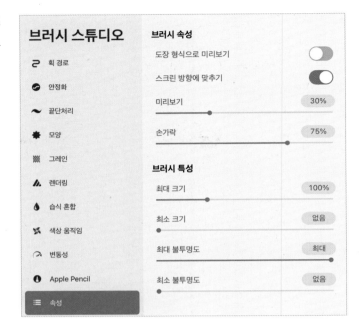

【머티리얼】

금속과 거친 재질을 조정하는 속성입니다.

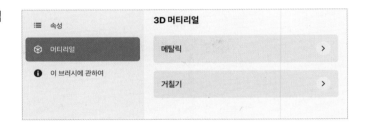

【이 브러시에 관하여】

브러시 이름, 제작자 서명 등 내가 만든 브러시의 정보를 입력합니다.

∃ 듀얼 브러시

프로크리에이트에 있는 두 개의 개별 브러시를 결합하여 새로운 브러시로 만들 수 있습니다.

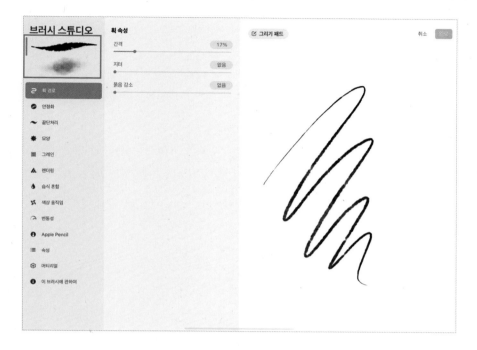

〔브러시 결합 방법〕

브러시 라이브러리에서 결합하려는 두 개의 브러시를 선택합니다. 첫 번째 브러시를 터치한 후 두 번째 브러시를 오른쪽으로 스와이프하면 오른쪽 상단에 '결합'이 표시됩니다. '결합'을 터치하면 새 브러시가 만들어집니다. 새 브러시를 터치하여 브러시 스튜디오로 들어가서 편집 후 사용합니다.

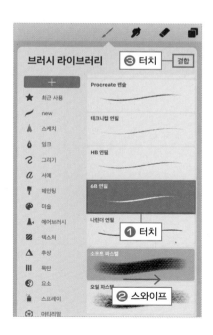

> ## 🔄 브러시 결합 시 유의사항
>
> ▶ 프로크리에이트 기본 브러시가 이미 듀얼 브러시인 경우 결합되지 않습니다.
>
> ▶ 브러시는 두 개만 결합됩니다. 세 개 이상은 결합되지 않습니다.
>
> ▶ 결합하려는 브러시들이 한 폴더에 있어야 가능합니다.
>
> ▶ 각각 다른 폴더에 있다면 복제하여 옮긴 뒤 결합합니다.
>
> ▶ 프로크리에이트 기본 브러시는 복제한 후 결합 가능합니다.

【 브러시 편집하기 】

왼쪽 상단에서 브러시를 선택하여 속성을 조정할 수 있습니다. 각각의 브러시는 속성도 모두 개별로 조정할 수 있습니다. 브러시를 터치하면 결합 모드를 선택할 수 있어 더 다양하게 편집할 수 있습니다.

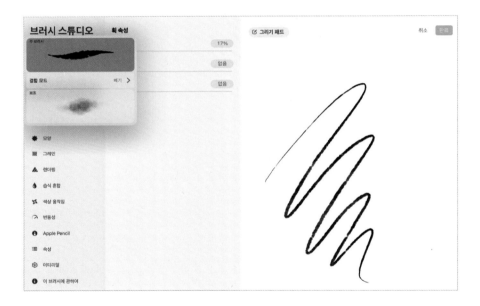

【 브러시 해제하기 】

브러시가 확대된 상태에서 보조 브러시를 터치하면 '결합 해제' 버튼이 뜹니다. 터치하면 두 개의 브러시로 분리됩니다.

SECTION

03

브러시 커스텀하기

① 필압 있는 캘리그라피 브러시 만들기

필압이 없는 모노라인 브러시를 커스텀하여 필압 있는 캘리그라피 브러시를 만들어 봅니다.

1 브러시 > 서예 > 모노라인 브러시를 왼쪽으로 스와이프하여 복제한 후, 터치하여 브러시 스튜디오로 들어갑니다.

2 안정화 > StreamLine > 양을 50%로 낮춥니다. StreamLine은 선의 흔들림을 부드럽게 하는 속성으로 글씨를 쓰는 캘리그라피 브러시를 만들 때 많이 활용합니다. 값이 작을수록 내가 그은 선이 그대로 표현되고, 값이 클수록 선이 좀 더 부드럽게 표현됩니다.

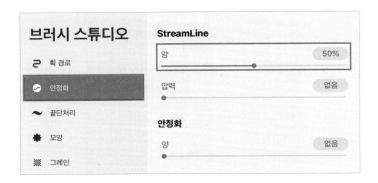

3 끝단처리 > 압력 끝단처리의 슬라이더 왼쪽은 왼쪽 끝으로 옮기고, 오른쪽은 왼쪽으로 움직이지 않을 때까지 이동합니다.

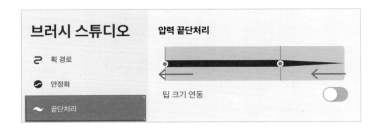

4 압력 끝단처리 > 크기를 50%로 올립니다. 숫자를 터치하여 직접 입력할 수도 있습니다. 크기를 최대로 올릴수록 획 끝이 뾰족해집니다. 그리기 패드에 선을 긋고 수치를 최대로 올려보면 획 끝이 뾰족해지는 것을 확인할 수 있습니다.

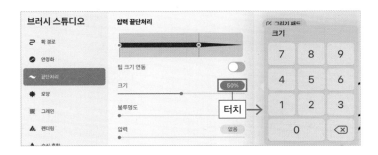

5 불투명도는 60%, 압력은 50%로 올립니다. 값이 클수록 획 끝이 투명해지고 뽀족해집니다.

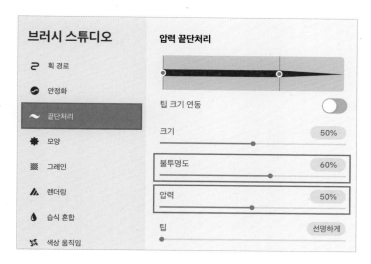

6 터치 끝단처리의 슬라이더는 압력 끝단처리와 동일하게 하고 크기는 80%로 맞춥니다. 터치 끝단처리는 손가락으로 터치할 때 적용되는 설정입니다.

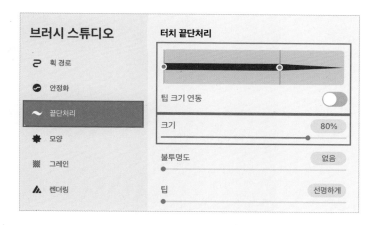

7 Apple Pencil > 압력 > 크기를 최대로 합니다. 값을 높이면 펜슬에 필압이 생깁니다.

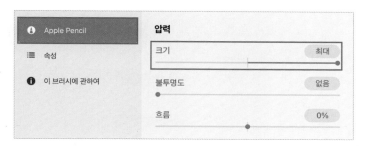

8 속성 > 브러시 특성 > 최대 크기를 100%로 올립니다.

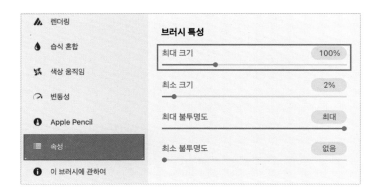

9 이 브러시에 관하여 > 브러시명을 터치하여 원하는 브러시명으로 바꿔 봅니다. 저는 '커스텀_모노라인'
으로 바꿨습니다. 제작자 이름을 넣고 서명 후 '완료'를 누릅니다.

10 브러시 라이브러리에서 살짝 쓸어내린 후,
'+'를 터치하여 새로운 브러시 세트를 만듭니다.

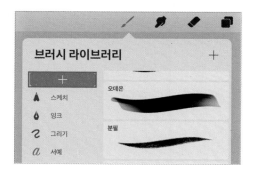

11 세트를 터치하여 세트명을 변경한 후, 방금 만든 브러시를 새로운 세트로 드래그하여 이동합니다. 드래그 후 세트가 회색으로 반짝일 때 펜슬을 떼면 됩니다.

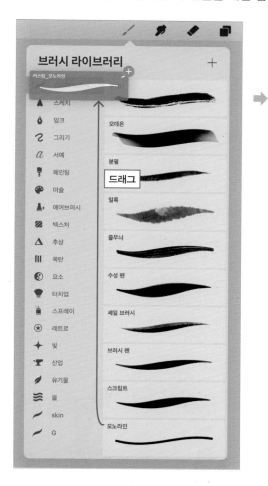 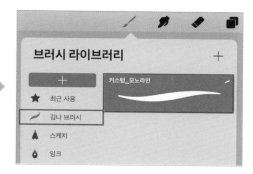

② 거친 질감의 캘리그라피 브러시 만들기

필압이 없는 모노라인 브러시를 필압이 있는 브러시로 변경하였습니다. 이번엔 조금 거친 브러시로
변경해 볼게요.

1 커스텀한 모노라인 브러시를 복제한 후, 터치하여 브러시 스튜디오를 엽니다.

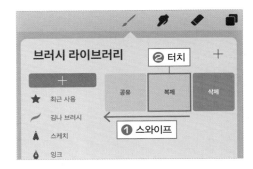 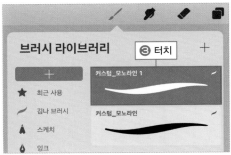

2 모양 > 모양 소스 편집 > 가져오기 > 소스 라이브러리에서 Blotch로 바꿉니다.

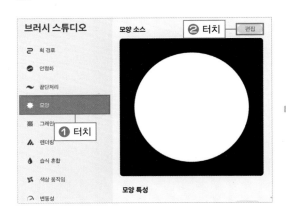 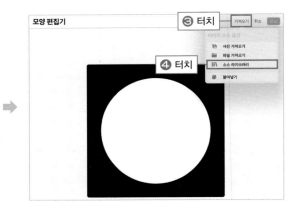

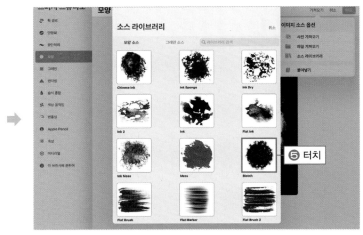

3 모양 > 분산을 최대로 올립니다.

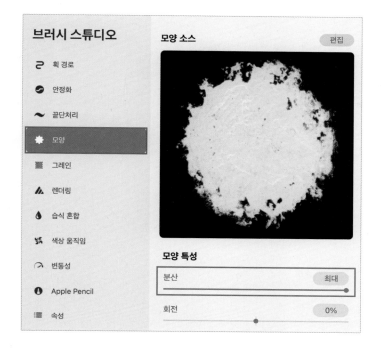

4 획 경로 > 지터를 20%로 올립니다. 분산과 지터는 거친 선의 느낌을 표현할 수 있습니다.

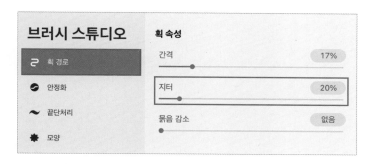

5 이 브러시에 관하여를 터치하여 브러시명을 변경합니다. 저는 '커스텀_거친 모노라인'으로 변경하였습니다.

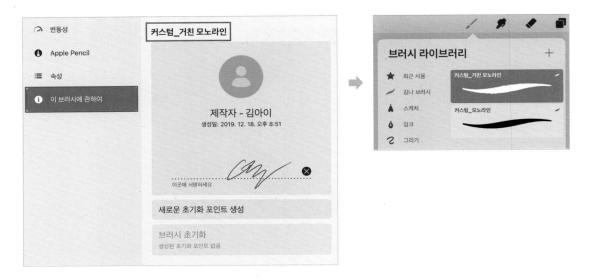

'모노라인 브러시'를 커스텀해 보았습니다. 기존 브러시의 모양과 그레인을 변경하면 새로운 브러시를 만들 수 있습니다. '브러시 라이브러리'에서 다른 모양이나 그레인을 선택하여 내가 원하는 브러시를 만들어 보세요.

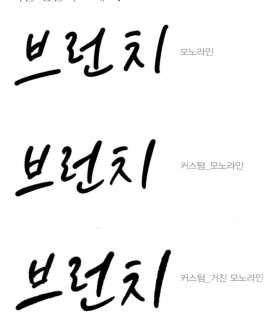

브런치 모노라인

브런치 커스텀_모노라인

브런치 커스텀_거친 모노라인

❸ 색연필 브러시 만들기

연필 브러시를 커스텀하여 색연필 브러시를 만들어 봅니다. 연필 브러시는 색연필 브러시와 비슷하여 커스텀하기 좋은 브러시입니다.

1️⃣ 스케치 > 6B 연필 브러시를 복제한 후 '브러시 스튜디오'에 들어갑니다.

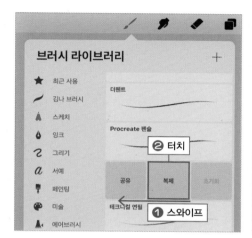
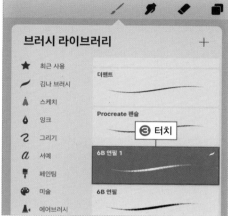

2️⃣ 이 브러시에 관하여 > 이름을 색연필 브러시로 바꿉니다.

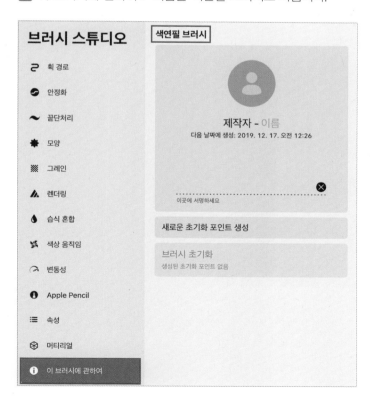

3 안정화 > StreamLine > 양을 30%로 올립니다.

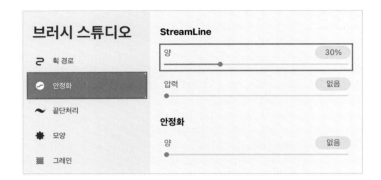

4 그레인 > 그레인 소스 편집 > 가져오기 > 소스 라이브러리에서 Charcoal 6B를 터치합니다.

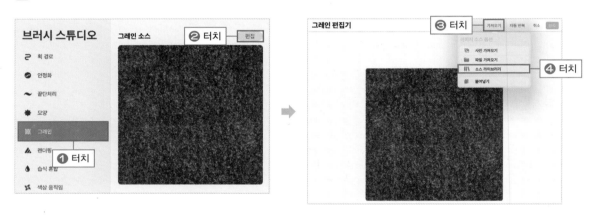

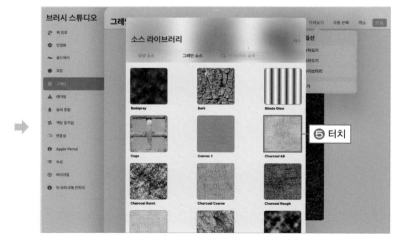

5 변동성 > 속도와 지터의 불투명도를 0에 맞춥니다.

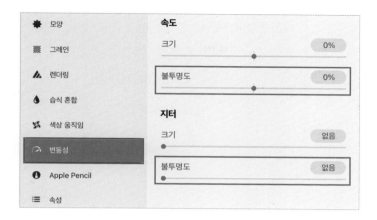

6 속성 > 브러시 특성 > 최대 크기를 50%에 맞추고 완료합니다.

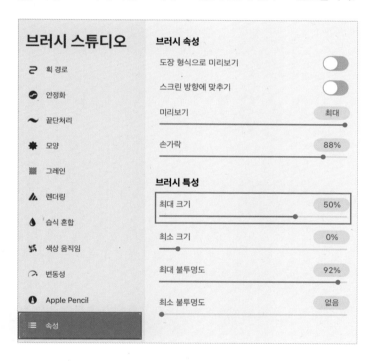

7 새로 만든 브러시 세트로 옮깁니다.

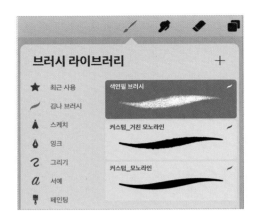

몇 가지 속성만 바꿔 간단하게 색연필 브러시를 만들어 보았습니다. 기존 브러시에 애플 펜슬의 압력이 적절하게 들어가 있어 필압 설정은 따로 하지 않았습니다.

기울기의 크기도 설정되어 있어 펜슬을 세웠을 때와 눕혔을 때의 브러시 크기가 달라집니다. 색연필도 세워서 썼을 때와 눕혀서 넓게 채색할 때가 다른데, 이 부분이 이미 설정이 되어 있어 새로운 설정 없이 연필 브러시 속성을 그대로 사용하였어요.

6B 연필 브러시   색연필 브러시

브러시를 커스텀할 땐 속성이 비슷한 브러시를 활용하는 것이 만들기가 좋습니다. 그레인에 따라 좀 더 거친 느낌의 색연필 또는 부드러운 색연필 브러시를 만들 수 있으니 그레인을 바꿔 보면서 나만의 색연필 브러시를 만들어 보세요.

04
도장 브러시 만들기

1 낙관 만들기

🔧 설정

캔버스 3000×3000px

브러시 페인팅 > 니코 룰

　　　 커스텀_거친 모노라인

* 브러시의 소스 이미지가 정사각형이므로 브러시를 만들 땐 정사각형 캔버스에서 작업해야 합니다.

1 캔버스에 검정색을 컬러드롭합니다. 브러시를 만들 땐 흰색과 검정색만 사용합니다. 캔버스를 모양 소스라고 봤을 때, 브러시는 캔버스에서 흰색 부분만 적용됩니다. 캔버스에서 흰색으로 표시되는 부분이 브러시의 모양으로 찍히며, 검정색은 찍히지 않습니다.

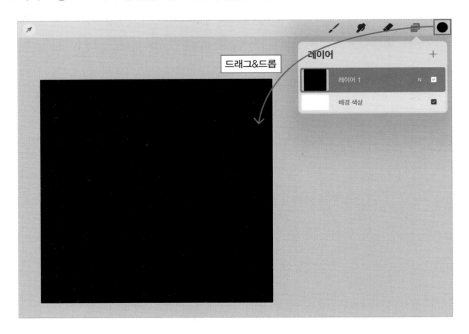

2 레이어를 추가한 후, 페인팅 > 니코 룰 브러시로 흰색 사각형을 그립니다. 도장의 자연스러운 질감을 표현하기 위해 '니코 룰 브러시'를 사용합니다.

③ 캔버스를 확대한 후 지우개(니코 룰)로 사각형 모서리를 둥글게 만들고 선을 울퉁불퉁하게 깎아서 도장 느낌을 좀 더 살립니다. 선을 깎을 때 니코 룰 브러시를 사용하면 사각형 주변에 하얗게 브러시 흔적이 남을 수 있는데, 사각형 주변은 흰색이 없도록 깔끔하게 지워 줍니다.

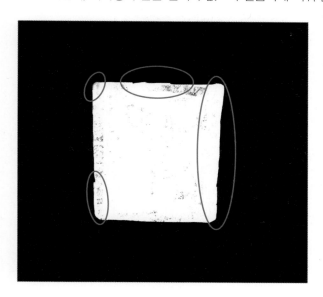

④ 레이어를 추가한 후, 직접 만든 '커스텀_거친 모노라인 브러시'를 선택하여 사각형 안에 검정색으로 이름을 씁니다. 거친 질감의 브러시를 사용하면 좀 더 사실적으로 도장 효과를 낼 수 있습니다. 글씨의 끝 획을 사각형 라인에 닿게 쓰면 도장 효과를 좀 더 낼 수 있어요.

5 흰색 사각형과 글씨 레이어를 선택한 후 크기를 확대합니다. 너무 작게 만들면 브러시의 크기를 최대로 해도 크게 찍히지 않습니다.

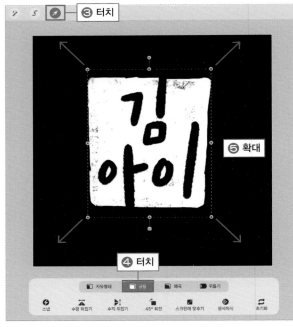

6 동작 > 공유 > JPEG로 저장합니다.

7 브러시 라이브러리에서 새로 만든 세트를
터치한 후, '+'를 터치합니다.

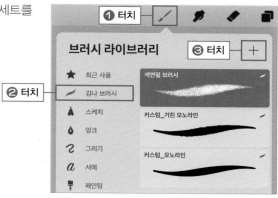

8 모양 > 모양 소스 편집 > 가져오기 > 사진 가져오기를 터치하여 방금 저장한 도장 사진을 불러옵니다.

9 획 경로 > 간격을 최대로 올립니다. 간격은 캔버스에 찍힌 브러시 모양 간의 간격으로, 간격 수치가 작
을수록 선에 가깝습니다. 도장 브러시를 만들 땐 간격을 최대로 해야 합니다.

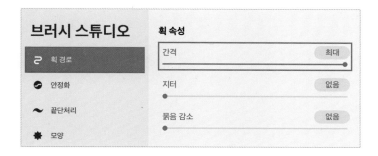

10 Apple Pencil > 불투명도를 없음에 맞춥니다.

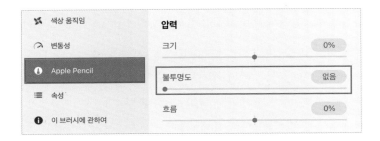

11 속성 > 브러시 속성 > 도장 형식으로 미리보기를 활성화합니다. 활성화하면 브러시 미리보기에 브러시의 모양 하나만 보입니다.

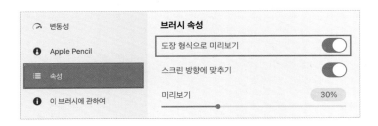

12 속성 > 브러시 특성 > 최대 크기를 알맞게 조정합니다. 저는 500%로 조정했습니다. 최대 크기는 브러시 미리보기에도 적용됩니다.

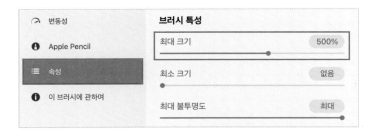

13 이 브러시에 관하여 > 브러시 이름을 변경한 후 완료합니다. 도장 브러시를 만들 때 브러시 질감은 필요하지 않으므로 그레인 소스는 선택하지 않아도 되며, 만약 질감을 넣고 싶다면 원하는 그레인 소스를 선택하여 넣으면 됩니다.

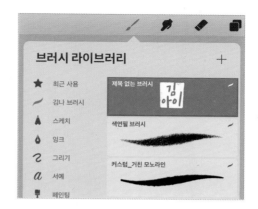

캘리그라피 TIP

낙관은 문장의 마지막 글자 옆이나 문장 아래 또는 캔버스 하단 끝자락에 찍습니다. 낙관은 작게 찍어야 합니다.

김
아이   김
아이   김
아이

1 앞서 만든 글씨 레이어를 터치하여 반전합니다. 이때 글씨가 사각형을 벗어나 있는 상태라면 길이를 조금 조정해 줍니다.

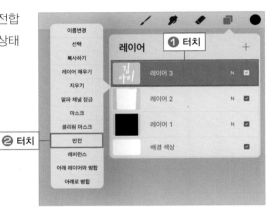

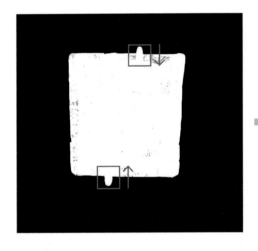 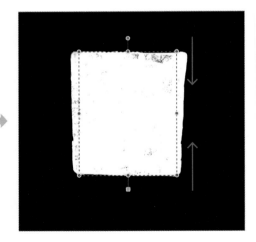

2 사각형 레이어를 끈 후, 동작 > 공유 > JPEG로 저장합니다.

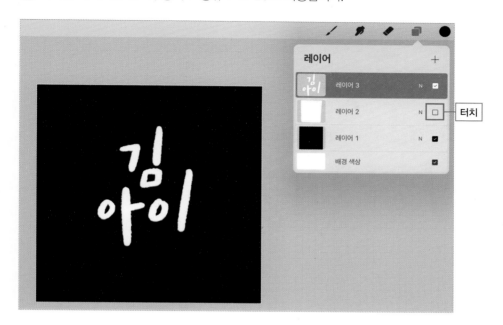

3 내가 만든 브러시 세트에 저장한 사진을 모양 소스로 불러옵니다.

4 낙관 만들기 과정 9~13을 반복하여 완성
합니다.

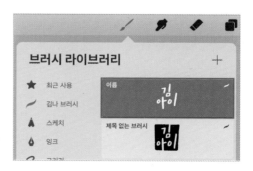

∃ 네잎클로버 도장 브러시 만들기

 설정

캔버스	3000×3000px
브러시	서예 > 모노라인

＊ 브러시의 소스 이미지가 정사각형이므로 브러시를 만들 땐 정사각형 캔버스에서 작업해야 합니다.

1 캔버스에 검정색을 컬러드롭합니다.

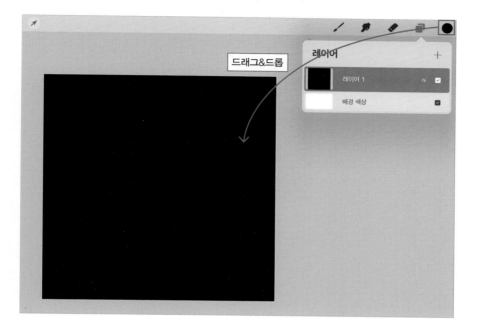

2 레이어를 추가한 후, 서예 > 모노라인 브러시를 선택합니다.

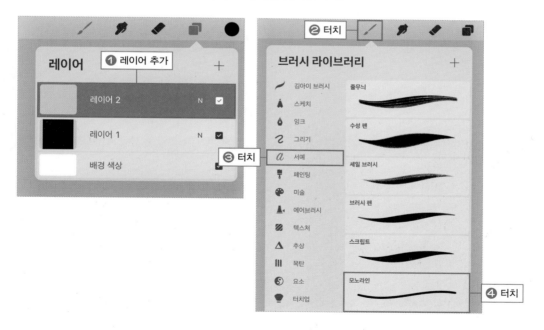

③ 타원의 절반을 그립니다. 펜슬을 떼지 않고
선을 부드럽게 만듭니다.

④ 레이어를 복사합니다.

⑤ 변형 > 수평 뒤집기를 한 후, 먼저 그렸던 라인과 이어지게 각도와 위치를 조정합니다.

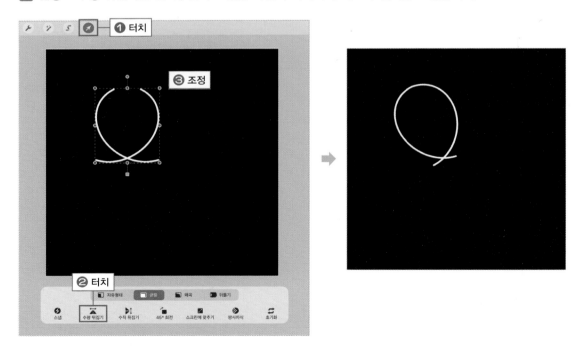

6 레이어를 병합합니다.

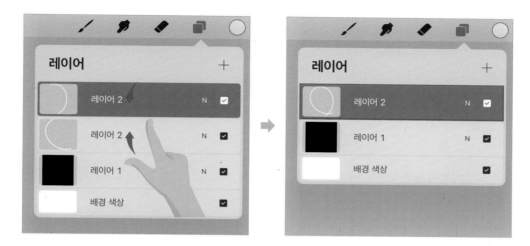

7 지우개(모노라인)로 이미지에 있는 라인을
지웁니다.

8 흰색을 컬러드롭합니다.

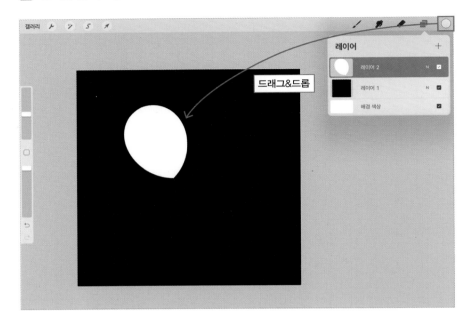

9 레이어를 복사한 후, 변형 > 수평 뒤집기를 하고 오른쪽으로 이동합니다.

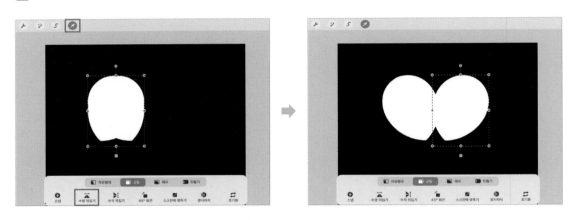

10 레이어를 병합합니다.

11 병합한 레이어를 복사한 후, 변형 > 수직 뒤집기를 하고 아래로 이동합니다.

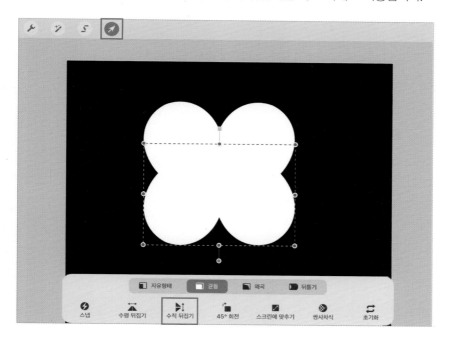

12 줄기를 그린 후, 흰색으로 채웁니다.

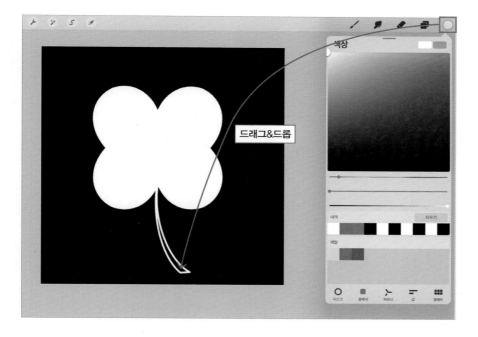

드래그&드롭

도형 안에 색을 채울 때, 완전히 채워지지 않고 이미지와 같이 선이 그려진 것처럼 보인다면 '컬러드롭 한계값'을 조정하여 색을 채웁니다.

컬러드롭을 했을 때 펜슬을 떼지 않고 있으면 상단에 '컬러드롭 한계값'이 보이는데요. 좌우로 슬라이더를 이동하여 값을 조정할 수 있습니다. 오른쪽으로 드래그하여 한계값을 높이면 선처럼 보였던 부분에 색이 채워집니다.

반대로 컬러드롭을 했는데 도형이 아닌 캔버스 전체에 색이 채워진다면 컬러드롭 한계값을 낮춰서 도형에만 색이 채워지도록 조정합니다.

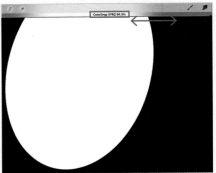

13 네잎 클로버 모양을 보고 수정이 필요하면 '변형' 툴로 위치와 모양을 수정합니다.

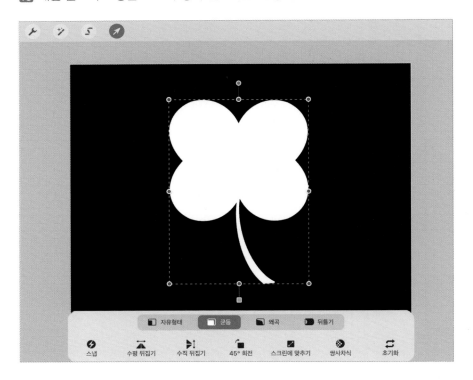

14 동작 > 공유 > JPEG로 저장합니다.

15 내가 만든 브러시 세트에서 '+'를 눌러 브러시 스튜디오로 들어갑니다.

16 저장한 네잎클로버 사진을 모양 소스로 가져옵니다.

17 획 경로 > 간격을 최대로 합니다.

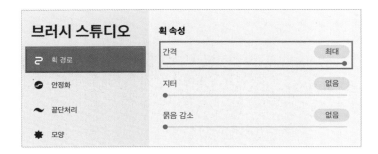

18 Apple Pencil > 불투명도를 없음에 맞춥니다.

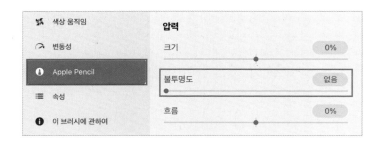

19 속성 > 브러시 속성 > 도장 형식으로 미리보기를 활성화한 후, 최대 크기를 300%로 조정합니다.

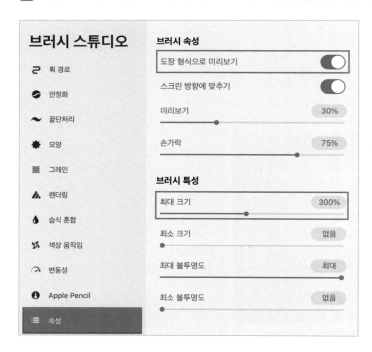

20 이 브러시에 관하여 > 브러시 이름을 변경하고 완료합니다. 브러시 크기를 조정하여 도장 브러시를 캔버스에 찍어 봅니다. 색을 바꿔서도 찍어 볼게요. 이 외에도 나뭇잎이나 하트, 동물 캐릭터 등 다양하게 만들 수 있습니다. 여러 개를 찍어 패턴 배경으로 만들어 저장한 후 사용할 수 있고, 캘리그라피를 쓴 다음에 간단하게 브러시를 찍어 배경을 만들 수 있어요.

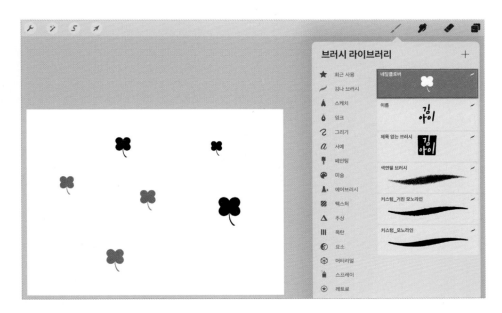

02

캘리그라피와
친해지기

본격적으로 캘리그라피를 배우는 파트입니다. 기본기를 익히고 글씨체와 짧은 문장까지 연습해 볼게요. 캘리그라피를 할 때 자주 사용하는 프로크리에이트 도구들도 살펴봅니다.

* 책에 있는 글씨는 이미지 파일로 제공됩니다. 이미지는 다운로드 받은 후, 불투명도를 낮춰 그 위에 글씨를 따라 쓰는 체본으로 활용할 수 있습니다.

CHAPTER

01

기본기 익히기

01

선 굿기 연습

1 선 연습 필요할까?

캘리그라피를 처음 시작할 때 가장 먼저 하는 것은 선을 긋는 연습입니다. 하나 이상의 획(선)이 모여 자음과 모음이 되고, 자음과 모음이 만나 글자를 만듭니다. 글자가 모여 단어를 만들고 문장을 조합하지요. 단어나 문장을 내가 원하는 대로 자연스럽게 쓰기 위해선 글자를 구성하고 있는 획을 잘 써야 하는데요. 선을 연습하는 건 이런 획을 연습하는 것과 같습니다. 선을 자연스럽게 쓰면 그만큼 글자도 자연스럽게 써집니다.

선 연습을 하는 다른 이유는 새로운 펜에 적응하기 위해서입니다. 애플펜슬처럼 써 보지 않은 낯선 펜을 자연스럽게 쓰기 위해선 간단한 선을 써 보면서 필기감을 익혀야 단어나 문장을 쓸 때 더 수월합니다. 프로크리에이트는 애플펜슬뿐만 아니라 다양한 브러시에도 적응해야 합니다. 쓰려는 브러시의 필기감에 익숙해지기 위해서도 선 연습은 필수입니다.

선 연습은 캘리그라피를 배우는 초반에만 하는 건 아닙니다. 저도 글씨가 잘 안 써질 때나 브러시를 바꿀 때, 글씨 쓰기 전 손을 풀기 위해서 선 연습을 하곤 하는데요. 경기 전 준비운동을 하듯 선 연습으로 글씨 준비운동을 해 주세요.

2 선 연습 방법

🔧 설정

[캔버스] 스크린 크기 (2732×2048px)
[브러시] 잉크 > 스튜디오 펜 ⎯⎯⎯
[브러시 크기] 30%

* 브러시 크기는 원하는 대로 설정하여도 됩니다.
* 브러시는 동일한 크기로 설정하여도 필압이나 캔버스 크기에 따라 굵기가 달라질 수 있습니다.

〔 가로선 연습 〕

1 왼쪽에서 오른쪽으로 가로선을 천천히 그어 줍니다. 처음 시작할 때 준 힘을 마지막까지 동일하게 유지하며 그어 주세요. 필압을 동일하게 주는 것입니다. 필압은 펜 끝에 주는 압력을 말하는데요. 펜에 들어가는 힘, 즉 필압이 동일하면 선의 굵기도 동일하게 나옵니다. 캘리그라피에서 필압은 중요합니다. 필압을 자유자재로 조절할 수 있어야 다양한 굵기의 글씨를 쓸 수 있습니다. 가로선을 그으면서 필압을 동일하게 주는 연습을 해 봅니다.

2 가장 굵은 선부터 가장 얇은 선까지 천천히 그어 보면서 연습합니다. 내가 펜에 힘을 많이 주면 펜 끝에 압력이 많이 가해져 굵은 선이 나오고, 반대로 펜에 힘을 적게 주면 얇은 선이 나옵니다. 선을 긋기 시작할 때 준 힘이 끝까지 유지되지 않으면 중간에 굵기가 바뀌면서 예쁘지 않은 선이 그어집니다. 선이 위로 올라가거나 흔들려도 마찬가지예요. 선이 자연스럽게 보일 때까지 연습해 주세요.

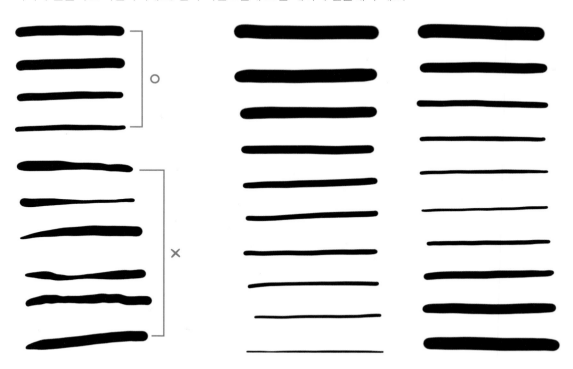

선이 처음부터 반듯하게 그어지지는 않을 거예요. 선이 예쁘지 않다고 지우지 말고 그 아래 다시 써 주세요. 그렇게 선을 여러 번 쓰고 나서 멀리서 보면 처음 쓴 선과 마지막에 쓴 선의 차이가 보일 겁니다. 선이 나아지는 과정을 직접 보면서 연습하면 연습의 만족도가 높아집니다.

선 긋기를 할 때 손이 패드에 닿아 캔버스에 다른 점이 찍히는 경우가 있는데요. 펜슬 사용 시 손이 인식되지 않게 설정을 합니다. '동작 > 도움말 > 고급 설정'에서 Palm Support™단계를 '세밀 모드' 또는 '일반'으로 설정해 주세요.

🔊 선 연습 시 유의사항

▶ 선을 긋고 애플펜슬을 캔버스에서 바로 떼지 않으면 반듯한 직선으로 바뀝니다. 직선은 그림에선 유용하지만 글씨를 쓸 땐 도움이 되지 않습니다. 선을 그은 후에는 바로 펜슬을 떼고, 직선으로 바뀌었다면 지우고 다시 씁니다.

▶ 선은 천천히 써야 반듯하게 잘 써집니다. 평소 글씨를 빨리 쓴다면 지금부터 천천히 쓰는 연습을 해 주세요. 글씨를 빨리 쓰면 내가 생각한 대로 써지지 않고, 가독성이 떨어집니다. 천천히만 써도 많이 달라지는 게 글씨입니다. 천천히 선 하나하나 집중하여 써 주세요.

[세로선 연습]

1 레이어를 추가한 후, 위에서 아래로 천천히 선을 그어 줍니다. 앞서 가로선을 연습한 레이어는 안 보이게 꺼 주세요. 가로선은 잘 썼는데 세로선은 잘 안 써진다고 실망하지 마세요. 세로선은 가로선보다 어렵습니다. 가로선은 반듯하게 잘 써져도 세로선은 비뚤비뚤하게 써질 수 있어요. 괘념치 말고, 캔버스를 세로선으로 모두 채워 보세요. 처음 쓴 선과 마지막에 쓴 선의 차이는 꽤 클 것입니다.

새로운 글씨나 그림을 진행할 땐 레이어를 추가합니다. 지금처럼 다른 글씨를 써서 기존과 결이 달라질 때도 레이어를 추가하면 좋아요.

2 가장 굵은 선부터 가장 얇은 선까지 천천히 그어 주세요. 세로선도 동일한 필압으로 그어 봅니다. 펜에 힘을 주는 정도에 따라 어느 정도 굵기의 선이 나오는지 확인하세요. 내가 원하는 굵기의 선을 쓸 수 있도록 필압 조절을 하며 손에 감각을 익힙니다.

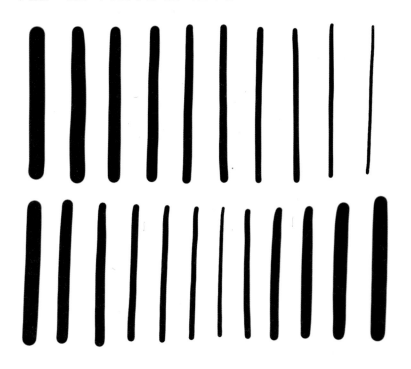

🖥 **프로크리에이트** TIP

레이어가 많아지면 원하는 레이어 찾기가 어려워집니다. 쉽게 찾을 수 있도록 레이어의 이름을 변경해 봅니다.

〔사선 연습〕

1 글씨 쓰는 방법 중 하나인 사선 쓰기를 위한 선 연습입니다. 레이어를 추가한 후, 사선을 써 봅니다. 가로선과 세로선 레이어는 안 보이게 끕니다. 가로획은 왼쪽에서 오른쪽으로 올려 쓰고, 세로획은 오른쪽에서 왼쪽으로 내리며 사선으로 씁니다. 사선을 쓸 때도 필압은 동일하게 주어 굵기가 같은 선이 나올 수 있도록 합니다. 가로선과 세로선의 각도는 내가 보기 좋은 정도로 하면 됩니다. 너무 눕혀 쓰면 가독성이 떨어집니다. 획의 각도보다 동일한 각도로 일정하게 쓰는 것이 중요합니다.

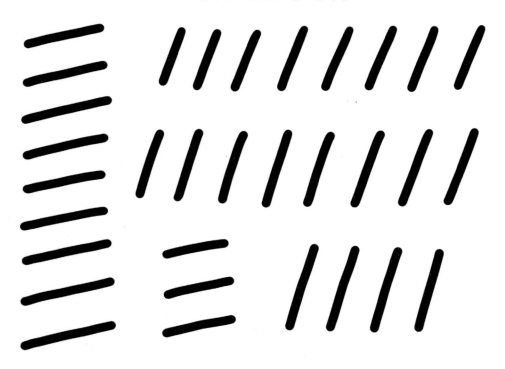

2 레이어를 추가한 후, #을 쓰며 사선 연습을 해 봅니다. 사선 쓰기는 동일한 각도가 중요합니다. 각도가 다르면 글씨가 지저분해 보이고, 잘 못 쓴 게 아니라 잘못 쓴 것처럼 보입니다. 사선 연습한 두 개의 레이어는 그룹을 만들어 줍니다. 같은 계열의 레이어는 그룹으로 묶으면 보기가 더 편합니다.

🖐 레이어 그룹 만들기

① 사선 레이어가 선택된 상태에서 그룹화할 다른 사선 레이어를 오른쪽으로 스와이프한 후, '그룹'을 터치합니다. 이처럼 레이어를 여러 개 선택하면, '+' 아이콘이 없어지고 '삭제'와 '그룹' 글자가 생깁니다.

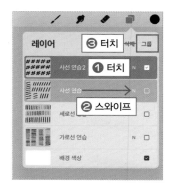

② 그룹의 꺾쇠를 터치하여 그룹을 닫은 후, 그룹 레이어를 터치합니다.

③ 레이어 옵션에서 '이름변경'을 터치하여 원하는 이름으로 변경합니다.

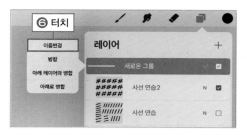

3 내가 쓴 사선을 연하게 만든 후, 그 위에 레이어를 추가하여 직접 글씨를 써 봅니다. 레이어의 N을 터치하여 사선의 불투명도를 10%에 맞춥니다.

불투명도 제스처 : 불투명도를 적용하고자 하는 레이어를 두 손가락으로 터치하면 상단에 슬라이더가 표시됩니다. 슬라이더를 손가락이나 애플펜슬을 사용해 좌우로 움직여 불투명도를 조정합니다.

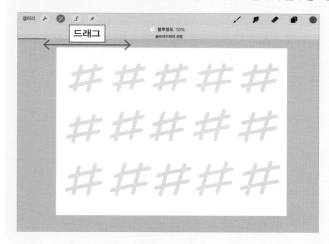

4 #의 각도에 맞춰 '하늘' 단어를 써 봅니다. 글씨는 내 글씨체로 편하게 써 주세요.

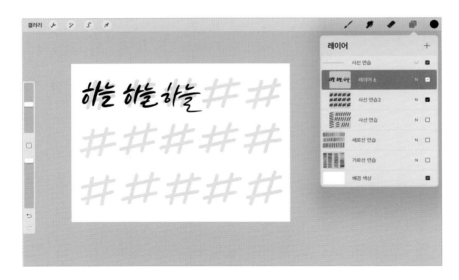

5 다 쓴 다음엔 불투명도를 낮춘 사선 레이어를 꺼 주고, 글씨를 멀리서 보며 사선의 각도가 잘 들어갔는지 봅니다.

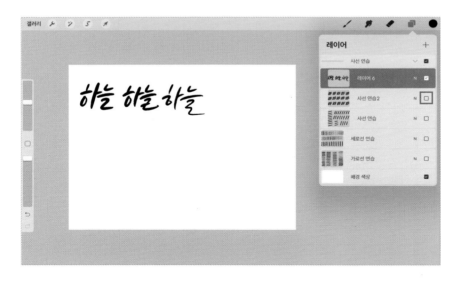

🖋 **캘리그라피 TIP**

글씨를 쓸 땐 위아래 획의 위치, 길이 등에 따라 각도가 조금씩 달라집니다. 문장은 행마다 달라지기도 해요. 불투명도를 조절한 사선에 글자의 모든 획을 똑같이 맞추는 것에만 집중하면 오히려 어색해지고, 글자들이 따로 노는 것처럼 보일 수 있습니다. 체본의 사선 각도는 참고하되 자연스럽게 평소대로 글씨를 써 주세요.

[획 연결 연습]

자음은 획과 획을 연결하여 쓰는데, 획이 다른 방향으로 전환(꺾는 부분)될 때 힘을 너무 세게 주지 않도록 유의합니다.

ㄱㄴㄷㄹㅁㅂㅅ
ㅇㅈㅊㅋㅌㅍㅎ

ㄱ부터 ㅎ까지 씁니다. 사선 연습을 위해 살짝 각도를 비스듬히 주어 써 볼게요.

• ㄹ은 물결을 그리듯 이어서 써 봅니다.
• ㅇ은 원의 절반 지점에서 힘을 빼고 그대로 선을 올려 주면 굵기가 다른 ㅇ을 쓸 수 있습니다.

색 뭉침

ㅈㅊㅇ

꺾을 때 힘을 너무 많이 주면 색이 뭉쳐 가독성도 떨어지고 예쁘지 않습니다. 필압 조절은 바로 쉽게 적응되지 않아요. 어느 정도의 힘을 줘야 어떤 굵기가 나오는지 아직은 가늠이 잘 안 되기 때문에, 처음엔 잘 안 써지는 게 당연합니다. 천천히 여러 번 쓰면서 손에 감각을 익혀 나가면 나중엔 자연스럽게 필압 조절이 될 거예요.

✏️ 캘리그라피 TIP

글씨는 천천히 쓰는 것을 기본으로 하지만 획에 따라 속도감을 달리 주기도 합니다. 선이 비뚤하거나 계속 흔들린다면 조금 속도감을 주며 써 보세요.

SECTION

02

필압 연습

① 필압 연습 필요할까?

필압은 펜 끝에 주는 압력이라고 말씀드렸지요. 펜 끝, 즉 펜에 힘을 많이 주면 굵은 선이 나오고 펜에 힘을 적게 주면 얇은 선이 나옵니다. 필압을 잘 조절하면 글씨의 굵기를 자유자재로 표현할 수 있기 때문에 필압 조절은 자연스럽게 될 때까지 연습하는 게 좋습니다.

② 필압 연습 방법

🔧 설정

캔버스 스크린 크기 (2732×2048px)
브러시 잉크 > 스튜디오 펜 ━━━━
브러시 크기 30%

＊브러시 크기는 원하는 대로 설정하여도 됩니다.

[굵기가 다른 선 연습]

앞서 선 연습에서 굵기가 같은 선을 긋는 연습을 했습니다. 선을 시작할 때부터 끝날 때까지 동일하게 힘을 주어 그었는데요. 이번에는 선을 시작할 때 줬던 힘을 점점 빼면서 시작과 끝의 굵기가 다른 선을 그어 봅니다. 가로선과 세로선을 연습해 봅니다.

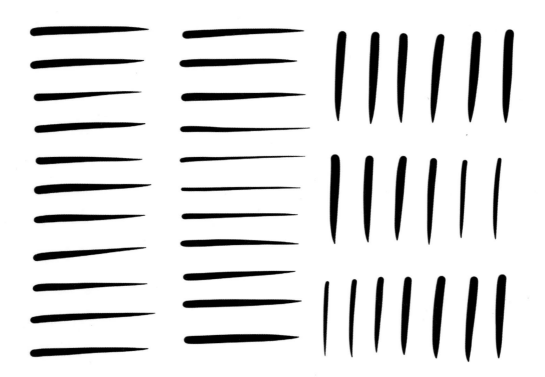

【물결 연습】

굵기가 다양한 물결을 그려 봅니다. 힘을 주었다 푸는 걸 반복하며 물결을 그려 주세요. 처음엔 굵기가 같은 물결이 계속 그려져도 계속 그리다 보면 자연스럽게 굵기가 다른 물결이 그려질 겁니다. 가로와 세로 물결 모두 그려 봅니다.

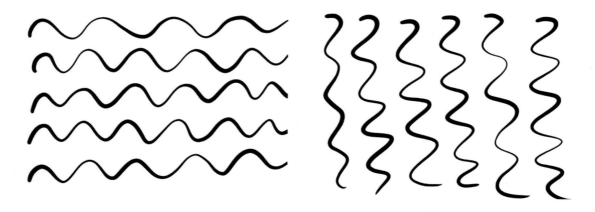

물결 연습은 ㄹ연습을 할 때 좋습니다.

〔 자음과 모음 연습 〕

필압을 동일하게 하여 자음과 모음을 써 봅니다.

획의 끝까지
동일하게
힘을 주어
굵기가 같은
획을 씁니다

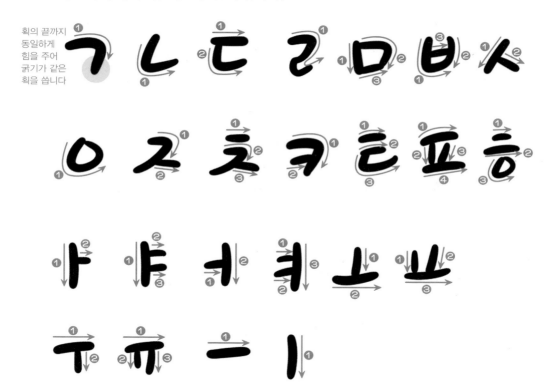

이번에는 필압을 다르게 하여 자음과 모음을 써 봅니다.

획 끝은
힘을 빼서
뾰족하게
씁니다

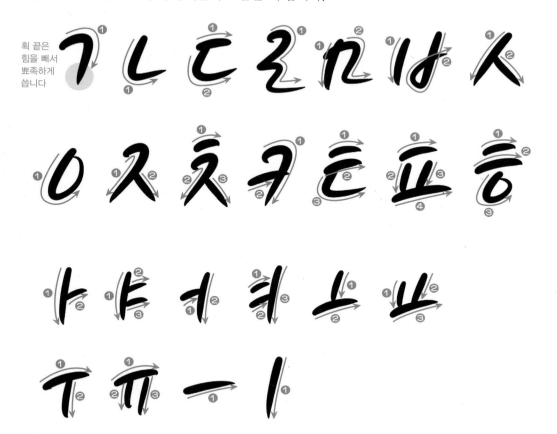

CHAPTER

02

글씨체와 변형 연습

01

글자를 다양하게 변형하여 쓰기

⚙️ **설정**

캔버스 스크린 크기 (2732×2048px)
브러시 잉크 > 스튜디오 펜 ━━━
브러시 크기 30%

* 브러시 크기는 원하는 대로 설정하여도 됩니다.

1 글자의 크기 바꾸기

글자의 자음을 작거나 크게 써 봅니다.

초성 크게

종성 크게

다른 글자와의 균형을 위해 너무 크게 쓰지 않습니다

이때 초성을 너무 크게 쓰면 예쁘지 않습니다. 약간만 크게 써 볼게요. 초성이 커지면 종성은 상대적으로 작게 쓰는 것이 좋습니다. 둘 다 크면 글씨가 답답해 보입니다.

ㅇ이나 ㅁ처럼 획으로 막혀 있는 자음은 크게 쓰면 막힌 공간이 더 눈에 띄어 글씨가 조화롭게 보이지 않습니다. 다른 초성보다 좀 더 작게 쓰는 것이 좋습니다.

2 글자의 길이 바꾸기

자음과 모음의 길이를 다양하게 바꿔서 써 봅니다.

◆ 자음 길이 변형 ◆

종성 획
길게

◆ 모음 길이 변형 ◆

가로 획
길게

가로 획
길게

가로 획
짧게

초성 획
길게

모음의 길이
다양하게

◆ 세로 길이 변형 ◆

세로 획의 길이를 짧게 하면
귀여운 느낌을 살릴 수 있습니다

획 길이를 다르게 하면
글씨의 리듬감을 살릴 수 있어요

길이 변형이 잘못 적용된 예를 참고해 주세요.

획의 길이가 너무 짧거나 길면 가독성 및 글자의 조화가 깨집니다

자음의 모든 획이
길면 예쁘지 않아요.
한 획이 길면 한 획은
조금 짧게 쓰는 게
좋습니다

다른 글자가
자리한 곳에 획이
부자연스럽게
침범하지 않도록
유의하며 씁니다

/// → 불필요한 공간

획과 획의 길이,
글자와 글자의 길이
차이가 크면 글씨가 어색하고,
불필요한 공간이 생깁니다

획 다음에 올 글자를 생각하지 않고
길게 쓰면 글자의 균형이 깨집니다

ᄏ 글자의 굵기 바꾸기

글자의 굵기를 굵게 또는 얇게 써 봅니다. 굵기의 차이가 너무 심하거나 변형이 한 글자에만 들어가면 조화가 깨져 예쁘지 않습니다. ㅇ은 꺾을 때 힘을 많이 주면 색이 뭉칠 수 있어 필압을 잘 조절해야 합니다.

 ×
굵기는 한 글자에만
적용하지 않고 단어 전체에
다양하게 적용합니다
○

 ×
ㅇ은 꺾을 때 힘을
살짝 빼서 씁니다
○

 ×
굵기 대비가 너무 크면
조화롭지 않습니다
○

4 글자의 각도 바꾸기

획의 각도를 일직선이 아닌 다양한 각도로 써 봅니다. 획을 둥글게 굴려도 좋아요. 각도는 글자에 골고루 들어가야 좋으며, 획의 각도를 심하게 바꾸면 가독성이 떨어지기 때문에 이에 유의하여 연습합니다.

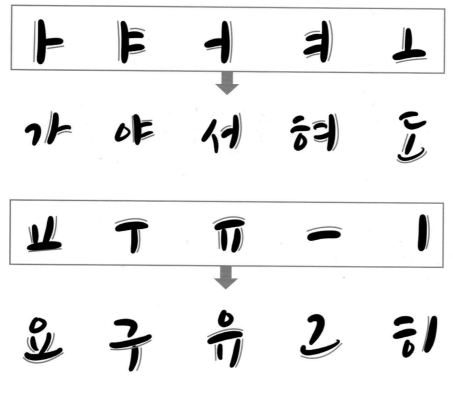

ㅏ ㅑ ㅓ ㅕ ㅗ

↓

가 야 서 혀 도

ㅛ ㅜ ㅠ ㅡ ㅣ

↓

요 구 유 그 히

각도가 잘못 들어간 예를 참고해 주세요.

오 도 두 가 오 보 소

앙 두 다 리 오 보 사

오 초 조 온 후 포 후

⑤ 획 띄어쓰기(획 분리)

획을 띄어서 쓰는 변형 방법입니다. 획 분리와 함께 변형을 좀 더 다양하게 하여 연습해 봅니다.

앵무새 → 앵무새

획 분리

앵무새 × 획 분리가 너무 많으면
지저분해 보일 수 있습니다

02

귀여운 글씨 견출지 만들기

1 귀여운 글씨 연습

글자 획에 다양한 변형을 주어 귀여운 글씨를 써 봅니다. 내가 생각하는 귀여운 이미지를 떠올려 보면 더 좋아요. 변형은 간단한 변형부터 복잡한 변형까지 단계별로 연습해 보겠습니다. 여러 방법 중 한두 가지만 적용하여 써도 귀여운 글씨를 쓸 수 있습니다.

⚙ 설정

캔버스 스크린 크기 (2732×2048px)
브러시 잉크 > 스튜디오 펜 ━━━━
브러시 크기 30%

＊브러시 크기는 원하는 대로 설정하여도 됩니다.

1 세로획은 짧게, 초성은 약간 크게 써 봅니다. 획은 곡선으로 쓰면 동글동글하여 더 귀여워 보입니다.

세로 획 짧게　　곡선 획　　　　　　　　　　　→초성 약간 크게

상큼한 레몬

✎ 캘리그라피 TIP

얇은 글씨는 브러시 크기를 줄여서 쓰거나 펜슬에 힘을 빼서 씁니다.

2 획의 굵기와 각도를 조금씩 바꿔서 써 봅니다. 획을 둥글게 만들거나 필압을 조절하여 글자 굵기를 다르게 표현합니다. 귀여운 이미지는 대체로 밝은 느낌이므로 획을 스마일처럼 올려서 쓰면 귀여운 느낌을 더 잘 표현할 수 있습니다.

자음, 모음의 각 획 굵기를
다르게 써 봅니다

각도를 다양하게 바꾸고,
둥글게 표현해 봅니다

3 붙여 쓰던 획들을 띄어서 써 봅니다. 획을 띄우면 귀여운 느낌이 더 잘 삽니다. 굵기와 각도도 좀 더 다양하게 바꿔 봅니다.

획을 띄어서 써 봅니다

4 아래 단어들로 귀여운 글씨를 연습해 봅니다. 단어를 반복하여 쓸 때마다 변형을 점점 많이 주며 연습해 볼게요.

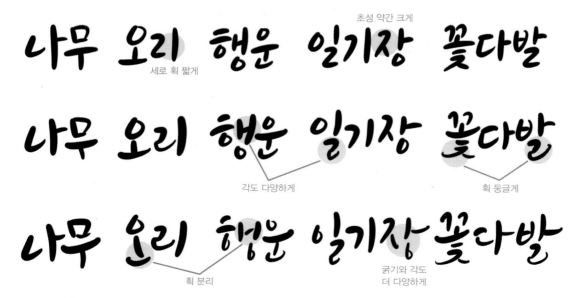

초성 약간 크게

세로 획 짧게

각도 다양하게

획 둥글게

획 분리

굵기와 각도
더 다양하게

견출지 만들기

🔧 **설정**

- 캔버스 3000×3000px
- 브러시 잉크 > 시럽 ———
- 브러시 크기 굵은 선 40% 내외 / 얇은 선 10% 이하

1 동작 > 캔버스 > 그리기 가이드(2D 격자)를
활성화합니다.

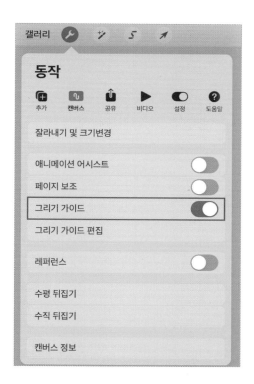

2 원하는 색을 선택한 후 그리드에 맞춰 가로선을 그어 줍니다. 선을 그은 상태에서 펜슬을 떼지 않으면 직선으로 바뀝니다. 선의 굵기는 동일하게 합니다.

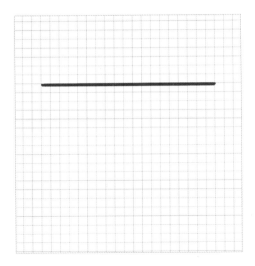

3 같은 방법으로 세로선도 그어 줍니다.

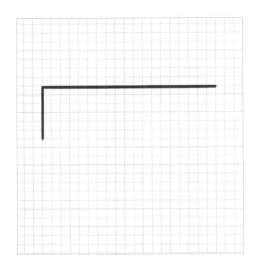

4 레이어를 복사합니다.

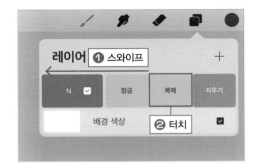

5 복사한 레이어를 선택한 후, 변형 > 수직 뒤집기, 수평 뒤집기를 터치합니다.

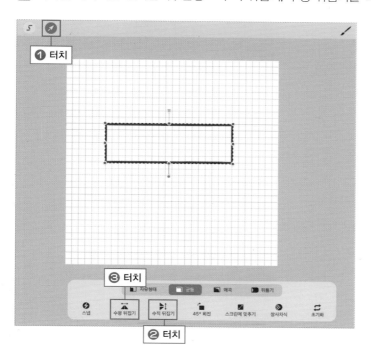

6 위의 레이어를 터치한 후 레이어 옵션에서 '아래 레이어와 병합'을 탭하여 두 레이어를 합쳐 줍니다.

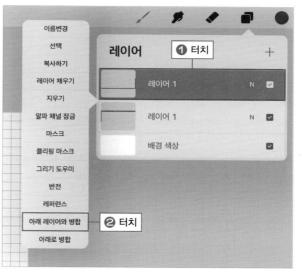

📱 **프로크리에이트** TIP

레이어 병합 제스처 : 합치려는 레이어 두 개를 검지와 중지를 사용하여 꼬집듯 오므립니다.

7 같은 방법으로 굵은 테두리 안에 얇은 직사각형을 만듭니다. 테두리 사이의 너비가 다르면 변형 > 균등 또는 자유형태를 터치한 후 파란 점을 움직여 크기를 조정합니다.

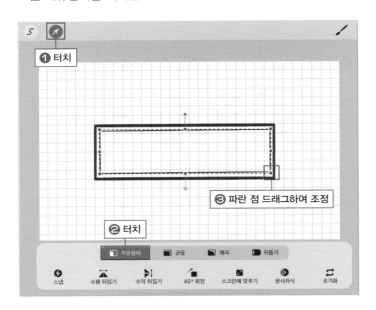

8 레이어를 추가한 후, 사각형 안에 검정색으로 '호밀빵' 글씨를 씁니다. 그리드는 꺼도 됩니다. 견출지에 그림도 같이 넣기 위해 글씨는 오른쪽에 씁니다.

- '호'에서 ㄴ는 획을 분리하여 씁니다. 가로획은 조금 얇게 스마일처럼 써 볼게요.
- '밀'에서 초성 ㅁ은 조금 크게 쓰고, ㅣ는 사선으로 씁니다.
- '빵'에서 ㅃ은 같은 자음이 반복되므로 모양을 조금 다르게 하여 써 봅니다.

9 글씨 옆에 식빵을 그립니다. 견출지에 글씨를 쓰고 자리가 남을 경우에는 그림을 그려서 빈 공간을 채워도 됩니다.

🎨 식빵 그리기

❶ 레이어 추가 후 식빵을 그릴 색을 정하고 식빵 모양으로 테두리를 그어 줍니다.

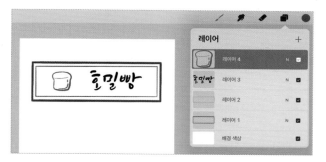

❷ 식빵에 색을 입힐 레이어를 추가한 후 식빵 그림 아래로 레이어를 드래그하여 옮깁니다. 식빵 그림 위에 레이어가 있으면 채색 시 테두리가 가려지기 때문에 아래로 옮겨 줘야 합니다.

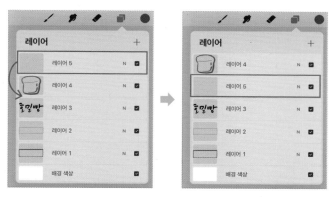

❸ 테두리 안에 색을 입힙니다. 테두리를 벗어나면 지우개로 지워가며 색의 범위를 조정합니다. 색은 테두리에 꽉 채우지 않아도 됩니다.

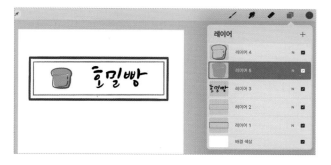

🔟 글씨의 색을 바꾸기 위해 글씨 레이어를
터치하여 '알파 채널 잠금'을 탭합니다.

📱 **프로크리에이트** TIP

알파 채널 잠금 제스처 : 두 손가락으로 레이어
를 오른쪽으로 밀어 줍니다. 해제 방법도 동일
합니다.

1️⃣1️⃣ 원하는 색상을 선택한 후 글씨 레이어를 터치, 레이어 옵션에서 '레이어 채우기'를 터치합니다.

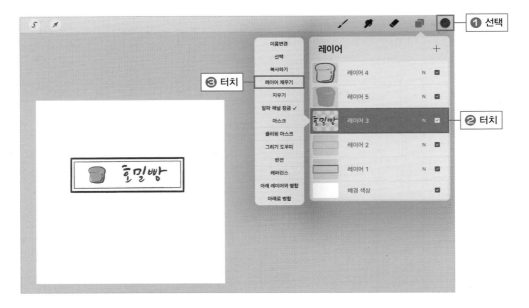

⓵⓶ 견출지 테두리의 색상도 같은 방법으로 바꿔 볼 수 있습니다.

🔲 **프로크리에이트** ⟨TIP⟩

색 선택이 어렵다면 유사색을 선택하여 적용해 봅니다. 캔버스에 있는 색상을 스포이드로 선택한 후, 선택된 색상 주변으로 드래그하며 색을 고릅니다.

다양한 모양의 견출지를 만들어 봅니다.

봄날의 피크닉

여름 바다

모서리와 직선 테두리는 레이어를 각각 만들어 그리는 게 편합니다. 레드 견출지는 획이 둥글기 때문에 끝이 둥근 '서예 > 모노라인 브러시'를 사용하여 만듭니다.

03

감성적인 글씨 원고지 만들기

① 감성 글씨 연습

감성 글씨의 특징을 파악하고, 다양하게 변형해 봅니다. 감성 글씨는 귀여운 글씨와 특징이 반대됩니다. 단계별로 연습해 봅니다.

> 🔧 **설정**
> `캔버스` 스크린 크기 (2732×2048px)
> `브러시` 잉크 > 스튜디오 펜 ━━━
> `브러시 크기` 30%
> * 브러시 크기는 원하는 대로 설정하여도 됩니다.

【ㄹ 변형 / 초성 작게 】

ㄹ을 물결 그리듯 쓰고, 초성은 평소보다 좀 더 작게 씁니다.

노을 → 노을

수란 → 수란

ㄹ은 획이 많아 다양하게 변형하기 좋은 자음입니다. 예시에 나온 방법 외에도 여러 ㄹ을 써 보며 연습해 봅니다.

자음 ㄹ 구성
가로 3획
세로 대각선 2획

획과 획 사이
공간을 적절하게
띄워 주세요

길게

크게

작게

❶ 숫자 3 쓰기
❷ 자음 ㄹ 쓰기

❶ 자음 ㄱ 쓰기
❷ 자음 ㄹ 쓰기

❶ 자음 ㄹ 쓰기
❷ 자음 ㄴ 쓰기

ㄹ은 초성과 종성, 옆에 오는 모음에 따라 모양을 조금씩 다르게 씁니다. 따라서 ㄹ만 반복하여 연습하는 것보다 ㄹ이 들어간 단어들을 쓰면서 연습하는 것이 더 좋습니다.

ㄹ을 쓸 때 많이 하는 실수입니다. 유의하여 연습해 봅니다.

획 겹침
✕

너무 긴 획 ✕

위로 많이 올려 쓴 획 ✗
마지막 획은
아래로 약간 내려
쓰는 게 좋습니다

굵기 차이
심한 획 ✗

한 획 더
쓴 ㄹ ✗

【 사선 쓰기 】

일직선으로 쓴 획을 사선으로 써 봅니다. 앞서 배운 #의 각도에 맞춰서 가로획과 세로획을 씁니다. 자음도 사선의 각도에 맞춰 쓰는데 ㅇ은 숫자 6과 비슷하게 써 봅니다. 사선의 각도가 다르면 글자 가 지저분하고 균형 잡혀 보이지 않기 때문에 각도는 비슷하게 맞춰 씁니다.

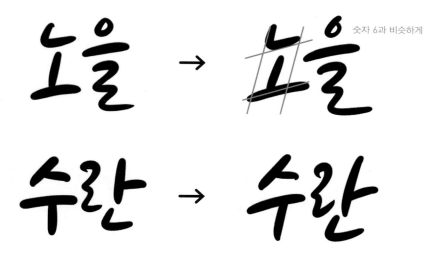

숫자 6과 비슷하게

【 획은 길게 / 획 끝은 뾰족하게 】

가로획과 세로획의 길이를 길게 씁니다. 길이 변형 때 연습했듯이 모든 획이 길거나 한 획만 너무 길지 않게 유의하여 씁니다. 단어나 글귀의 마지막 획은 뒤에 오는 글자가 없으므로 길게 빼서 감성 적인 느낌을 더 살립니다.

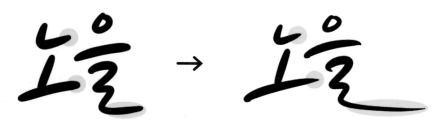

수란 → 수란

획 끝을 뾰족하게 쓰는 건 앞서 필압 연습때 익혔습니다. 획을 시작할 땐 힘을 줬다가 점점 힘을 빼서 획 끝을 뾰족하게 써 봅니다. 아주 천천히 쓰는 것보다 약간 속도감이 있으면 좀 더 잘 써집니다.

〔이어쓰기〕

획과 획을 이어서 씁니다. 이어서 쓸 때 이어지는 획(허획)은 얇게 쓰는데, 획을 굵게 썼다가 얇게 써야 하므로 필압 조절이 잘 되어야 합니다. 이어 쓰는 획도 굵게 쓴다면 가독성이 떨어지기 때문에 유의하여 씁니다. 이어 쓸 때 꺾는 부분에선 힘을 뺍니다.

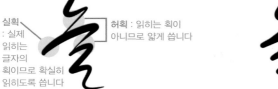

실획
: 실제
읽히는
글자의
획이므로 확실히
읽히도록 씁니다

허획 : 읽히는 획이
아니므로 얇게 씁니다

× 허획을 굵게 쓰면
실획과 구분이 되지 않아
가독성이 떨어집니다

이어쓰기를 많이 하는 글자입니다. 이어쓰기는 모든 획에 다 적용할 필요는 없으며 어렵다면 굳이 적용하지 않아도 됩니다.

나 다 라 까 바 차 따 하
나 다 라 까 자 타 히
은 은 옥 에

앞서 배운 방법들을 활용하여 아래 단어들을 연습해 봅니다. 감성 글씨는 귀여운 글씨보다 얇게 쓰면 더 잘 어울립니다. 브러시 크기를 좀 더 작게 해서 얇게 쓰는 연습도 해 봅니다.

끼리내 위로 부자

끼리내 위로 부자

달빛 가을 햇살

달빛 가을 햇살

원고지 만들기

오늘을 위로해

🔧 **설정**

[캔버스] 3000×3000px
[브러시] 잉크 > 스튜디오 펜 ⎯⎯⎯⎯
[브러시 크기] 5% 내외

＊브러시 크기는 원하는 대로 설정하여도 됩니다.
＊브러시는 동일한 크기로 설정하여도 필압이나 캔버스 크기에 따라 굵기가 달라질 수 있습니다.

1 동작 > 캔버스 > 그리기 가이드(2D 격자)를 활성화합니다.

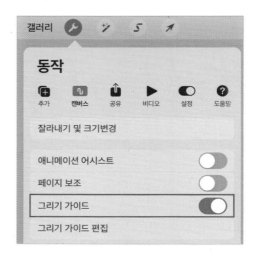

2 그리드에 맞춰 굵은 가로선을 그어 줍니다. 선을 그은 상태에서 펜슬을 떼지 않으면 직선으로 바뀝니다. 선의 굵기는 동일하게 합니다.

📱 **프로크리에이트 TIP**

두 손가락으로 캔버스를 벌리면 확대가 됩니다. 확대하여 선을 그으면 선 각도와 굵기를 더 정확하게 보며 그을 수 있습니다.

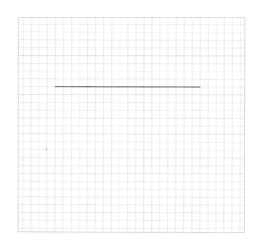

3 레이어를 복사합니다.

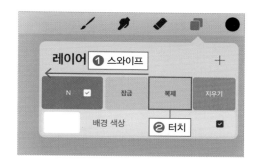

4 '변형' 아이콘을 터치한 후 선택된 선을 약
간 아래로 끌고 옵니다. 선은 세로 위치만 달
라지고 가로는 똑같아야 합니다. 드래그하다가
좌우로 움직였다면 펜슬로 좌우를 톡톡 두드리
며 두 선의 가로 위치를 맞춰 줍니다.

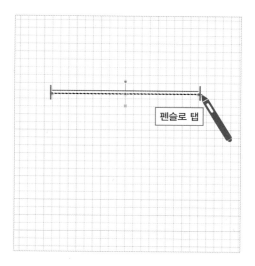

5 두 개의 레이어를 그룹으로 만듭니다.

6 그룹을 복제합니다.

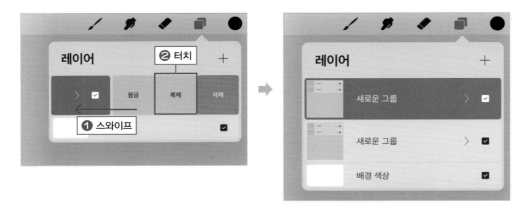

7 복제한 그룹 레이어를 선택 후, '변형' 툴을 사용하여 글씨를 쓸 원고지 한 줄만큼 아래로 이동합니다.

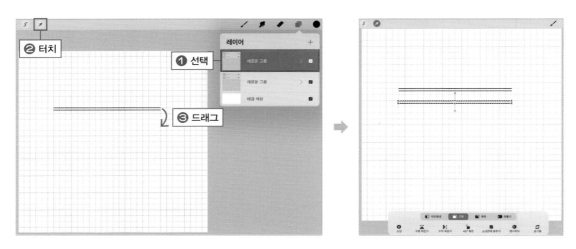

8 새로운 레이어를 생성하고 원고지 한 칸이 될 세로 선을 그어 줍니다. 선은 긋고 나서 직선으로 바뀔 때까지 펜슬을 떼지 않습니다. 격자 선에 맞춰 그으면 편합니다.

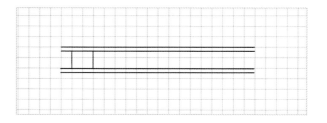

9 선을 2~3개 그은 후 레이어를 복사하여 오른쪽으로 이동합니다. 원고지 한 줄 끝까지 반복하며, 선의 위치가 달라지면 펜슬을 톡톡 탭하여 위치를 맞춰 줍니다. 캔버스를 확대하여 작업하면 선의 위치를 더 정확하게 볼 수 있습니다.

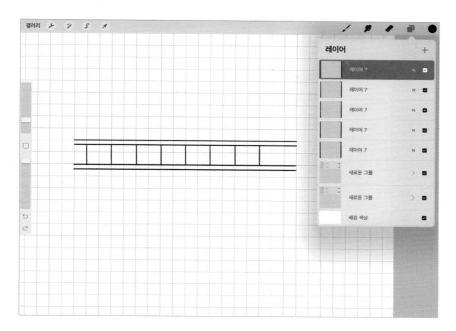

10 복사한 선이 한 줄을 넘기면 지우개로 지웁니다.

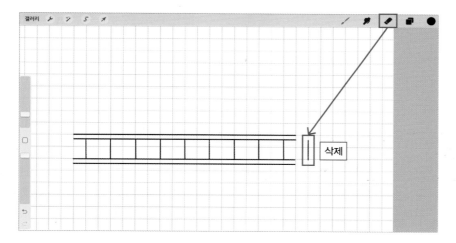

11 선의 위치를 다시 확인한 후 이상이 없으면 두 개의 손가락을 합칠 레이어의 양 끝에서 오므려 레이어를 합쳐 줍니다. 그룹으로 묶은 다른 선도 최종 확인 후 수정이 필요하지 않다면 합쳐 줍니다. 레이어를 합치면 수정할 때 어려워지므로 합치기 전 꼼꼼히 확인하고, 수정을 염두에 둔다면 병합하지 않아도 됩니다.

12 레이어를 추가한 후 원고지 안에 글씨(브러시 크기 10%)를 써 봅니다. 그리드는 꺼도 됩니다.

• 사선으로 각도를 동일하게 하여 씁니다.

• 모음을 길게 씁니다.

• ㄹ은 물결 그리듯 써 봅니다.

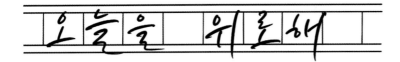

다른 모양의 원고지를 만들어 색도 넣어 보고. 글씨도 다르게 써 봅니다.

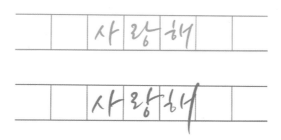

아래 원고지는 브러시 크기를 3%로 하여 더 얇게 만들었습니다. 좀 더 굵은 선의 원고지를 만들어도 좋습니다. 내가 좋아하는 스타일의 원고지를 만들어 보세요.

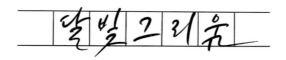

	가슴	깊은		곳엔
늘		그믐달	하나가	
빛을		감추고	있어.	
달빛이		인도하는		
가슴의		길	끝엔	
닿지	않는		그리움	
뿐이라.				

04

글씨 변형 심화

🔧 설정

캔버스 스크린 크기 (2732×2048px)

브러시 잉크 > 스튜디오 펜

브러시 크기 30%

* 브러시 크기는 원하는 대로 설정하여도 됩니다.

① 쌍자음 / 겹받침 / 이중모음

쌍자음과 겹받침은 하나의 자음이 들어갈 자리에 두 개의 자음이 자리한 것입니다. 따라서 자음은 기존보다 작게 쓰고, 자음의 획들이 겹치지 않게 유의하여 씁니다.

[쌍자음]

자음은 작게, 굵기를 다르게 써 봅니다

종성에 올 때 길이를 다르게 써서 리듬감을 살립니다

다음 획과 부딪히지 않게 자음 공간을 적절히 띄워서 써 주세요

반복되는 획은 길이를 다르게 써야 불필요한 공간이 생기지 않고 자연스럽게 보입니다

같은 자음은 색이 뭉치지 않게 필압 조절을 잘하는 것이 중요합니다

글씨의 크기를 다르게 하여 써 봅니다

크기 차이는 너무 크지 않게 씁니다

자음을 2개 써야 하므로 너무 크지 않게 씁니다

빵 뽑기

필압 조절이 안 되면 색이
뭉쳐 가독성이 떨어집니다

획의 굵기 차이가
크지 않게 씁니다

빵 뽑기
×   ×

쑥 했다

획의 길이를 다르게 써 봅니다

각도가 다르면
어색해 보입니다

쑥 했다
×   ×

초성·중성과 쌍자음 종성의 간격이
너무 크면 글씨의 균형이 살지 않아요

짝 쮬

ㅈ 획 사이의 공간이
너무 넓거나 좁아지지 않게
유의하여 씁니다

쨕 쮬
×   ×

【겹받침】

넋두리 얹다 닭

초성과 중성 사이의
공간에 끼워 씁니다

획과 획은
엇갈리게 씁니다

삶 밟다 값 읽다

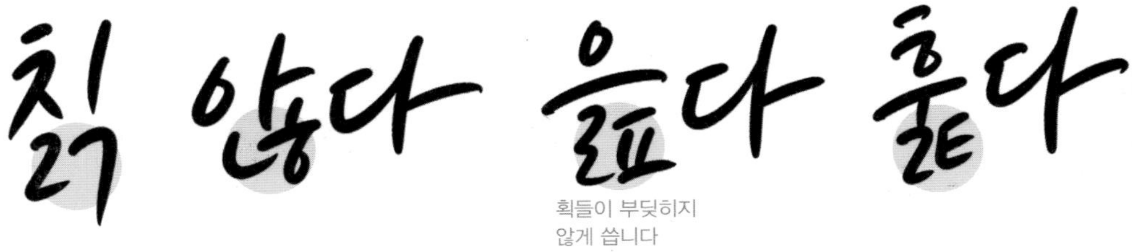

칙 앉다 읖다 훝다

【 이중모음 】

앞서 연습한 모음 외의 나머지 모음을 연습해 봅니다. 모음 두 개가 합쳐진 이중모음은 획이 너무
떨어지거나 붙지 않게 배치에 유의하여 씁니다.

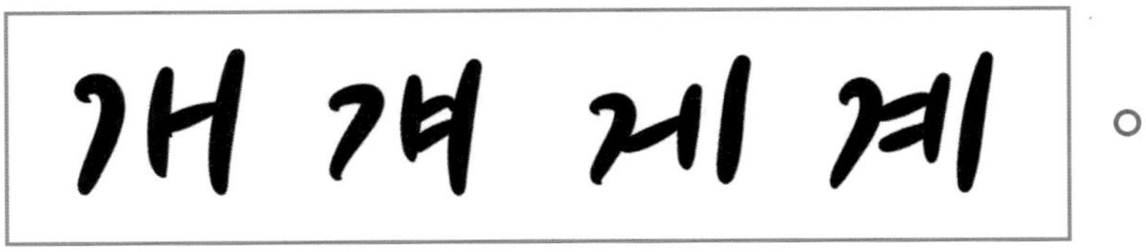

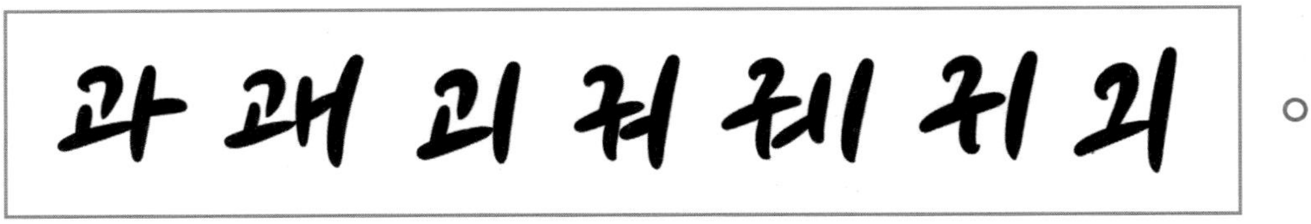

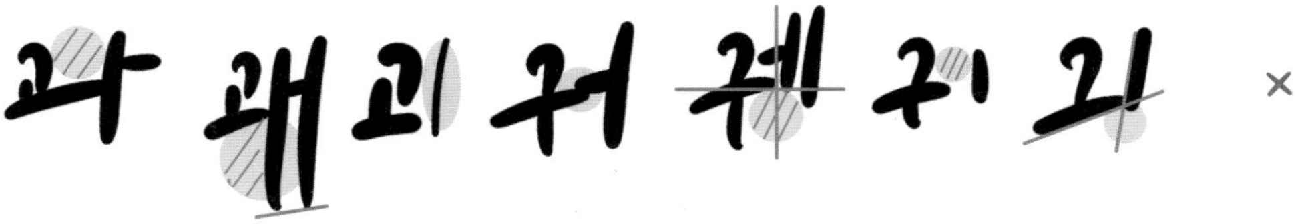

개 걔 제 계 ○

개 걔 게 계 ✕

과 괘 괴 궈 궤 귀 의 ○

과 괘괴 궈 궤 귀 의 ✕

② 단어의 의미와 어울리는 글씨 쓰기

단어의 형태를 상상하여 글자의 획을 바꿔 봅니다.

칼날 : 칼날은 날카롭고 뾰족한 것이 떠오릅니다. 획도 끝을 뾰족하게 하여 써 봅니다.

곰인형 : 곰인형은 전체적으로 동글동글하지요. 글씨는 곡선으로 부드럽게, 획은 둥글게 말아서 써 봅니다.

봄바람 : 바람에 날리는 느낌을 상상하며 획도 일직선보다 사선으로 쓰고, 끝 획은 뾰족하게 흩날리는 느낌을 주어 씁니다. 획은 바람에 날리듯 상승하는 획을 씁니다.

아래 단어들을 따라 써 본 후, 단어의 느낌을 상상하여 다르게 써 봅니다.

고래   거북이   깡총깡총

고래   거북이   깡총깡총

빗물   꽃잎   빙글빙글

빗물   꽃잎   빙글빙글

03

짧은 문장 쓰기

01

잘 못 써도 예뻐 보이는 문장 쓰기

문장에 조화와 균형이 잘 산다면 모든 글자를 다 잘 쓰지 않아도 전체적으로 문장이 예뻐 보입니다. 조화와 균형을 살리는 문장 연습을 해 봅니다.

 설정

캔버스	스크린 크기 (2732×2048px)
브러시	잉크 > 스튜디오 펜 ———
브러시 크기	30%

＊ 브러시 크기는 원하는 대로 설정하여도 됩니다.

1 글자의 공간 활용

글자와 글자 사이, 획과 획 사이의 공간을 활용하여 덩어리감을 살려 봅니다.

〔 덩어리감이란? 〕

문장을 멀리서 봤을 때 하나의 덩어리처럼 보이게 만드는 방법입니다. 덩어리감이 잘 살아있는 문장은 글씨가 분산되어 있지 않고 오밀조밀 모여 있으며, 어색하게 튀는 글자 없이 전체적으로 균형과 조화가 잘 잡혀 있습니다. 이 경우, 문장 전체부터 보이기 때문에 글자 몇 개를 못 써도 크게 티가 나지 않습니다.

〔 자간, 행간, 띄어쓰기 줄이기 〕

자간(글자와 글자 사이 공간)과 행간(줄과 줄 사이 공간)을 평소 쓰는 것보다 약간씩 줄여 봅니다. 띄어쓰기도 마찬가지예요. 글자와 글자 사이의 공간들을 조금씩 줄이면 분산되어 있던 글자들이 모아져 덩어리감이 잘 삽니다. 공간을 너무 줄여서 글자들을 붙여 써도 가독성이 떨어지고 예쁘지 않아요.

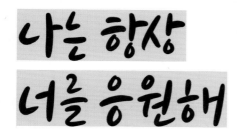

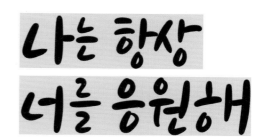

〔 포인트 단어는 굵거나 크게, 조사는 얇거나 작게 〕

글자 사이의 공간을 모두 줄이면 가독성이 약간씩은 떨어집니다. 이때 문장의 포인트 단어는 굵거나 크게 쓰고, '은, 는, 이, 가' 등의 조사는 얇거나 작게 써 봅니다.

〔 글자 테트리스 〕

게임 '테트리스'는 모양이 다른 블록을 끼워 맞추면서 블록이 다 채워진 줄을 없애는 게임입니다. 블록의 빈 공간에 다른 블록을 끼워 맞추는 것처럼 글씨를 쓸 때도 자음이나 모음의 공간에 다른 글자들을 퍼즐처럼 끼워 맞춰 봅니다. 글자 테트리스가 잘 되면 문장에 불필요한 여백이 생기지 않아 덩어리감이 잘 살고 그만큼 균형감이 잘 잡혀 자연스럽고 예뻐 보입니다.

연습은 한 글자부터 짧은 문장까지 해 볼게요.

한 글자

◈ 불필요한 공간

강　길　멋　원　쭌

| 종성(ㅇ)은
초성(ㄱ)과 중성(ㅏ)
사이 공간에 씁니다 | 모음은 종성(ㄹ)이
올 수 있게 약간
짧게 씁니다 | 종성(ㅅ)은
초성(ㅁ)과 중성(ㅓ)
사이에 씁니다 | 획들이 서로
부딪히지 않게
끼워 맞춰 씁니다 | 종성(ㄴ)은
중성(ㅜ)의 획 사이
공간에 씁니다 |

강 × 길 × 첫 × 원 × 끈 ×

초성과 중성을 너무
붙여 쓰면 종성이 들어갈
자리가 없습니다

모음을 너무 길게 쓰면
글자의 균형이 깨집니다

다음 획이 올 자리를 생각하여 씁니다
ㄴ과 ㅜ를 부딪힐 듯 같은 위치에
쓰면 불필요한 공간이 생겨
글자의 균형이 깨집니다

두 글자 이상 단어

당신 소금 연날리기

획들을 엇갈리게 쓰면 불필요한 공간이
줄어들어 덩어리감이 삽니다

당신 × 소금 × 연날리기 ×

획들이 부딪히지 않게
유의하여 씁니다

당신 × 소금 × 연날리기 ×

다른 글자를 생각하지 않고
획을 길게 쓰면 불필요한
공간이 생깁니다

다음 획이 올 자리를 방해한 획들

짧은 문장

하늘이
참 맑다

그리운
날들

엇갈리게 쓴 획들을 참고하여 따라 써 봅니다

자간

❶처럼 획들이 부딪힐 듯
같은 위치에 있으면 주변에
❷, ❸번처럼 불필요한 공간이
생깁니다

획이 부딪히지 않게
서로 끼워 맞춰 씁니다

행간

설레는
여행길

❶ ㅕ는 '설'과 '레' 사이
빈 공간에 씁니다
❷ 윗줄의 획은 아랫줄에
올 글자를 생각하여
너무 길지 않게 씁니다

설레는
×여행길

획이 서로 부딪히지
않게 씁니다

설레는 ×
여행길

행간을 너무 띄우면
덩어리감이 살지 않습니다

설레는 ×
여행길

아랫줄을 고려하지 않고 쓰면 아랫줄을
쓸 때 글자 배치가 어려워집니다

글자를 끼워 맞추는 것에 너무 연연하지 않아도 됩니다. 문장의 글자들이 진짜 퍼즐처럼 여백 없이 맞춰져 있다면 오히려 가독성이 떨어지고 답답해 보여요. 테트리스나 퍼즐은 방법을 설명하기 위한 예시로 말씀드린 것뿐입니다. 문장은 균형과 조화가 잘 살아야 해요. 그러기 위해선 적절한 공간감도 있어야 하지요. 모든 공간을 글자의 획으로 채울 필요는 없답니다.

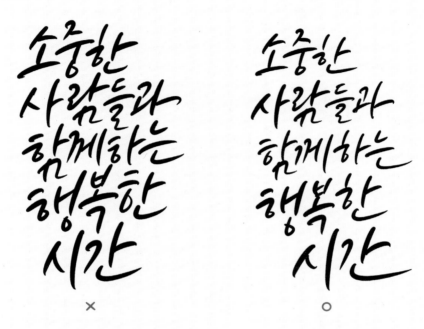

문장의 균형과 조화를 살리기 위해선 여백 없이 쓰는 것보다 적절히 공간을 넓히고 좁히면서, 글자의 크기와 굵기 등을 바꿔 보는 것이 좋습니다. 획들이 부딪힐 것 같다면 획을 조금 짧게 써도 좋아요.

다음 문장을 따라 써 보고, 따라 쓴 후엔 체본 없이 직접 써 봅니다.

긍정적인
마음으로

사랑하기
좋은날

늘고마운
당신

긍정적인
마음으로

사랑하기
좋은날

늘고마운
당신

소원을
말해봐

말없이
안아줄께

괜찮아
잘될거야

소원을
말해봐

말없이
안아줄께

괜찮아
잘될거야

오후의
햇살

여유로운
마음

오후의
햇살

여유로운
마음

균형과 조화를 살리는 문장 구도 연습

문장이 길어지면 줄을 바꿔서 두 줄 또는 세 줄 이상으로 쓰게 되는데 이때 문장의 구도를 잘 잡아야 전체적으로 균형 있는 문장이 됩니다. 다음은 가장 많이 사용하고 쉽게 쓸 수 있는 구도 4가지입니다.

① 문장 구도 종류

【 왼쪽 정렬 / 오른쪽 정렬 】

왼쪽 정렬은 어렸을 때부터 노트에 쓰던 정렬 방식이므로 누구나 어렵지 않게 쓸 수 있습니다. 오른쪽 정렬은 각 줄의 끝이 모두 오른쪽에 있는 방식입니다.

▲ 왼쪽 정렬

▲ 오른쪽 정렬

【 가운데 정렬 】

가운데 정렬은 문장의 중앙에 중심을 맞춰 쓰는 방식입니다. 가운데 정렬 구도를 만들기 위해선 한 줄이 길면 그다음 줄은 문장을 짧게 나눠야 합니다(반대도 가능). 간단하게 써 보면서 글자 위치를 대략 잡은 후 쓰면 좋습니다.

너는 언제나
찬란히 빛나는
별과 같은 걸

가운데 정렬은 왼쪽이나 오른쪽 정렬처럼 줄의 끝이 한 곳에 있지 않기 때문에 행간을 조금 좁혀 쓰는 것이 더 깔끔해 보이며, 왼쪽/오른쪽 정렬은 줄의 배치가 한 곳에 통일되어 있기 때문에 행간을 같은 간격으로 약간 띄워 쓰면 통일감 있어 보기 좋습니다.

【 지그재그 정렬 】

두 번째 줄은 첫 줄보다 뒤에, 그다음 줄은 그 앞에 쓰면서 지그재그 방향으로 문장을 쓰는 방법입니다. 반대로 써도 됩니다. 비교적 쉽게 쓸 수 있고, 대부분의 문장에 잘 어울려 많이 쓰는 구도입니다.

너는 언제나
찬란히 빛나는
별과 같은 걸

지그재그는 두 번째 줄이 첫 줄보다 뒤에 갈 때 줄의 길이 차이가 너무 크면 좋지 않습니다. 따라서 첫 줄과 두 번째 줄의 글자 수는 같거나 큰 차이 없는 것이 좋으며, 지그재그와 가운데 정렬을 같이 혼합하여 써도 좋습니다.

【 가운데 정렬과 지그재그 정렬의 차이점 】

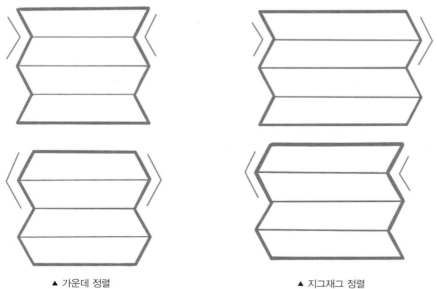

▲ 가운데 정렬　　　　　　　　　　　　　▲ 지그재그 정렬

줄의 첫 시작은 동일하나 끝이 다릅니다

둘은 비슷하거나 같게 쓰일 때도 있지만 가운데 정렬은 문장의 중심이 가운데 있어 각 줄의 앞뒤 위치가 같거나 거의 동일합니다. 지그재그 정렬은 줄의 첫 글자만 앞뒤로 반복됩니다.

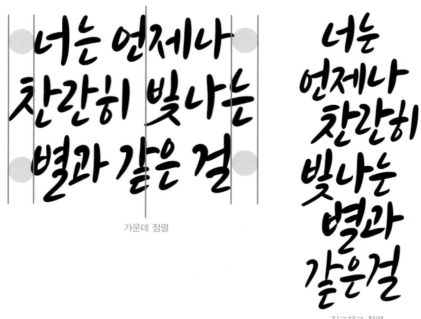

가운데 정렬　　　　　　　　　　　　　　　지그재그 정렬

가운데 정렬은 구도의 규칙성이 있어 좀 더 통일감이 느껴지고, 지그재그 정렬은 구도가 좀 더 자유롭습니다.

2 문장을 쓸 때 유의사항

1 문장을 쓸 때 한 줄에 있는 글자들이 점점 위로 올라가지 않게 씁니다.

2 한 글자만 보며 쓰지 않고 전체를 봅니다.

지금 쓰고 있는 글자만 보면서 쓰면 그 글자 하나는 예쁠지 몰라도 전체적으로 봤을 땐 예쁘지 않습니다. 글자 하나만 보고 쓸 경우, 글자들의 위치나 크기가 제각각이 되어 문장 균형이 깨질 확률이 높거든요. 글씨를 쓸 때 중간중간 멀리서 전체를 봐 주세요. 다음 글자가 올 자리를 생각하며 현재 글자를 써야 획이 부딪히거나 불필요한 공간이 생기지 않습니다.

단어와 문장은 글자와 글자의 조합입니다. 어떤 모음이 오느냐에 따라 자음의 모양이 달라지고, 초성과 중성 위치에 맞춰 종성 위치를 잡습니다. 앞에 오는 글자에 맞춰 뒤에 오는 글자의 위치를 잡아서 쓰고, 문장은 넓게 멀리서 전체를 보며 써 주세요.

다음 문장을 여러 구도로 연습해 봅니다.

예쁜
꽃다발
가득안고

예쁜
꽃다발
가득안고

예쁜
꽃다발
가득
안고

예쁜
꽃다발
가득안고

예쁜
꽃다발
가득안고

예쁜
꽃다발
가득안고

예쁜
꽃다발
가득
안고

예쁜
꽃다발
가득안고

조금은
쉬어가도
괜찮아

조금은
쉬어가도
괜찮아

조금은
쉬어가도
괜찮아

조금은
쉬어가도
괜찮아

조금은
쉬어가도
괜찮아

조금은
쉬어가도
괜찮아

조금은
쉬어가도
괜찮아

조금은
쉬어가도
괜찮아

프로크리에이트 도구를
활용한 글씨 연습

01

캘리그라피에서 자주 사용하는 툴

1 그리드 (동작 > 캔버스 > 그리기 가이드(2D 격자))

글씨를 쓰다 보면 글자 위치가 점점 위로 올라가는 경우가 있습니다. 이때 그리드를 켜면 가운데 중심선에 맞춰 쓸 수 있습니다.

그리드는 모눈종이에 연습하는 것처럼 크기가 같은 글씨를 연습할 때 좋습니다. 필압 연습 시 그리드를 켜 놓고 선에 맞춰 연습하면 동일한 굵기의 획을 쓰는 데 도움이 됩니다.

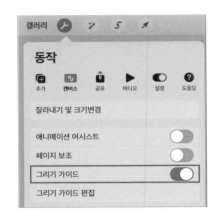

2 텍스트 (동작 > 추가 > 텍스트 추가)

텍스트는 캘리그라피와 같이 쓰면 좋은데요. 예를 들어, 캘리그라피로 메인 글귀를 쓴 후 내 이름이나 필명은 텍스트로 작게 쓴다거나, 노래 제목이나 시 구절을 쓴 후 텍스트로 작게 가수 또는 시인의 이름을 쓰는 것입니다. 캘리그라피가 메인이기 때문에 텍스트는 작게 쓰는 것이 좋습니다.

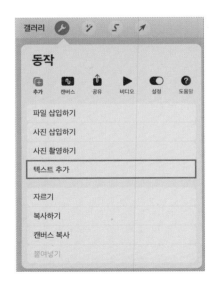

∃ 올가미 (선택 > 올가미)

올가미는 내가 원하는 영역을 자유롭게 선택할 수 있는 툴입니다. 문장 안에서 글자의 위치를 바꿀 때 해당 글자를 선택한 후 위치를 옮길 수 있습니다.

ㅣ 균등 & 스냅 (변형 > 균등/스냅)

균등은 글씨의 크기를 같은 비율로 조정합니다. 글씨를 너무 크게 또는 작게 써서 문장 전체 크기를 조정해야 할 때 활용하면 좋습니다. 문장의 위치가 한쪽으로 치우쳤을 땐 스냅을 활성화하면 캔버스 중앙에 맞출 수 있습니다.

'알파 채널 잠금'과 '선택'은 해당 레이어의 작업된 영역만 선택합니다. 글씨를 쓴 레이어라면 글씨만 선택할 수 있어 글씨에 색을 입힐 때 많이 사용합니다.

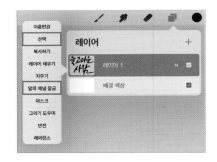

〔 알파 채널 잠금 〕

'알파 채널 잠금'은 제스처를 사용하면 편합니다. 두 손가락으로 레이어를 오른쪽으로 밀면 레이어 배경이 체크무늬로 바뀌면서 '알파 채널 잠금'이 활성화됩니다. 다시 오른쪽으로 밀면 해제됩니다. 활성화한 후 원하는 색을 선택하여 레이어 옵션 > 레이어 채우기를 터치하면 색이 입혀집니다.

〔 선택 〕

레이어 옵션의 '선택'을 터치하면 왼쪽 상단에 있는 '선택' 창이 뜹니다. '선택' 아이콘을 탭하면 해당 레이어에서 작업한 영역이 선택되며, 선택된 영역을 제외한 나머지 영역엔 빗금이 쳐집니다.

레이어 옵션에서 '선택' 터치 후, '색상 채우기'를 터치하면 글자에 색이 입혀집니다.

'색상 채우기'를 활성화해 놓고 컬러피커에서 색을 고르면 글씨에 색이 바로 적용됩니다. 여러 색을 적용해 볼 때 편리하게 사용할 수 있습니다.

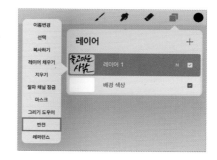

⑥ 반전 (레이어 옵션 > 반전)

반전을 선택하면 현재와 반대되는 색으로 바뀝니다. 글씨의 색은 검정색과 흰색을 보통 많이 쓰는데 검정 글씨로 쓰고 반전을 선택하면 흰색으로 바뀌고, 흰색으로 쓴 후 반전을 선택하면 검정색으로 바뀌기 때문에 활용하기 좋습니다.

⑦ 레이어 혼합 모드 (레이어 > N 터치)

레이어 혼합 모드(블렌드 모드)는 터치 한 번으로 글씨에 다양한 효과를 입히기 때문에 편리하게 사용할 수 있는 옵션입니다. 많이 사용하는 효과는 '곱하기', '스크린', '오버레이'이며 여러 가지를 적용하여 연습해 보면 좋습니다.

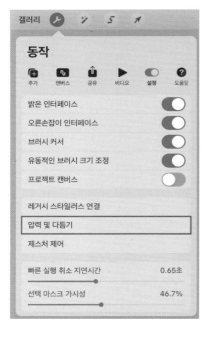

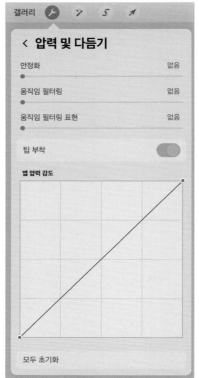

펜슬의 압력을 조절할 수 있는 창입니다. 필압이 너무 세거나 약하다면 이 창에서 조절할 수 있습니다.

9 레퍼런스

임서를 할 때 레퍼런스 창에서 글씨 이미지를
불러와 참고하며 따라 쓸 수 있습니다.

프로크리에이트 도구 활용 시 유의할 점

1 툴에 의존하지 않기

글씨를 쓴 후 마음에 들지 않거나 잘 못 쓴 글씨들은 사진 보정처럼 프로크리에이트 툴로 수정할 수 있습니다. 수정한 글씨는 내가 펜슬로 전부 쓴 게 아니기 때문에 수정 후엔 해당 글씨를 보며 다시 써 봅니다.

재연습을 하지 않고 툴로 수정만 한다면 글씨는 절대 늘지 않습니다. 그럴 경우, 종이에 펜으로 쓸 땐 아이패드처럼 잘 써지지 않을 거예요. 글씨는 툴 도움 없이 쓸 수 있을 때까지 계속 연습하여야 합니다. 특히 캘리를 시작하는 초반엔 더더욱 툴 없이 써 보는 연습이 필요합니다.

2 글자 쪼개기는 하지 않기

올가미 툴은 내가 원하는 범위대로 선택하여 바꿀 수 있기 때문에 글자 하나, 자음, 모음 하나씩 다 선택하여 위치나 크기 등을 변경할 수 있습니다. 글자를 하나씩 전부 다 바꾼다면 실제 내가 쓴 글씨와는 전혀 다른 글씨가 나올 수 있는데요. 자음과 모음이 결합하여 만들어지는 글자들을 하나씩 따로 바꾸면 조화가 안돼서 결국 다시 쓰는 경우가 생길 수 있습니다.

또한, 글자들을 계속 움직이거나 크기를 바꾸다 보면 해상도가 떨어져 처음 썼을 때보다 글씨가 선명히 보이지 않아요. 이런 글자 쪼개기는 내 글씨 실력 향상에 전혀 도움이 되지 않으며, 툴이 없으면 쓸 수 없는 상태까지 올 수 있습니다. 글자 쪼개기 외에도 글씨 자체를 바꾸는 툴 사용은 너무 많이 하지 않는 것이 좋습니다.

03

프로크리에이트를 활용한 캘리그라피

프로크리에이트를 활용하여 캘리그라피에 다양한 효과를 적용해 봅니다. 글씨에 입체감과 왜곡을 주고, 여러 색을 입혀 글씨를 더 돋보이게 만들어 봅니다.

*책에서 설명하는 과정은 완성된 이미지 파일로 제공됩니다. 이미지는 다운로드 받은 후, 불투명도를 낮춰 그 위에 글씨를 따라 쓰는 체본으로 활용하거나 효과를 적용할 때 참고할 수 있습니다.

입체감 있는 캘리그라피

01

다양한 그림자 효과 익히기

1 기본 그림자 만들기

🔧 설정

- 캔버스 스크린 크기 (2732×2048px)
- 브러시 잉크 > 스튜디오 펜 ───
- 브러시 크기 30%

* 브러시 크기는 원하는 대로 설정하여도 됩니다.

1 '달리자' 글씨를 검정색으로 씁니다.

- 글씨는 사선으로 쓰며, 끝 획은 길게 뺍니다.
- 직선으로 쓰면 곡선으로 쓸 때보다 글씨의 동적인 느낌을 더 잘 살릴 수 있습니다. ㄹ은 지그재그를 긋듯이 써 볼게요.

2 글씨 쓴 레이어를 왼쪽으로 밀고 '복제'를 터치하여 레이어를 복사합니다. 위 레이어는 '글씨 레이어' 아래 레이어는 '그림자 레이어'로 부를게요. 그림자는 사물의 뒤쪽에 위치하며, 사물과 같은 모양을 하고 있으므로 글씨의 그림자를 만들 땐 항상 글씨 레이어를 복사한 후 아래 레이어에서 만듭니다.

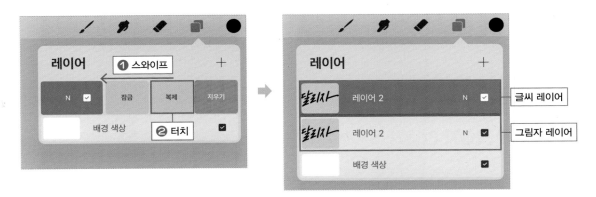

3 '글씨 레이어'를 터치한 후, '반전'을 터치합니다. '반전'은 현재 색상의 반대색으로 바뀌므로 검정 글씨가 흰색으로 바뀝니다. 이때, 아래 '그림자 레이어'의 글씨는 검정색이라 글씨 테두리가 검정색으로 보입니다.

4️⃣ '그림자 레이어'를 선택한 후, 변형 > 균등을 터치하여 오른쪽으로 살짝 이동합니다. 간단하게 그림자가 만들어졌어요.

5️⃣ 그림자를 얼마나 이동하느냐에 따라 글씨의 느낌이 달라집니다.

 설정

캔버스 스크린 크기 (2732×2048px)
브러시 잉크 > 스튜디오 펜 ────────
브러시 크기 30%

*브러시 크기는 원하는 대로 설정하여도 됩니다.

1 '그림자 레이어'를 선택한 후, 조정 > 가우
시안 흐림 효과를 터치합니다.

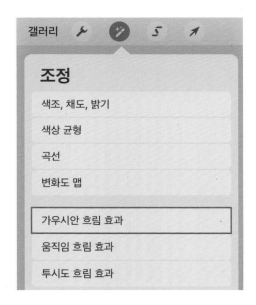

2 상단 슬라이더를 펜슬로 조정하여 글씨에 흐림 효과를 줍니다. (이미지에 적용한 효과 수치 : 12.6%)

3 '그림자 레이어'를 선택 후 N을 터치. 불투명도 바를 움직여 70%에 맞춥니다. 수치는 내가 원하는 대로 조정하여도 됩니다.

4 다른 그림자를 만들기 위해 레이어를 그룹화하여 정리해 보겠습니다. 레이어가 많아질 땐 그룹으로 묶는 것이 좋습니다. '그림자 레이어'가 파랗게 선택된 상태에서 '글씨 레이어'를 오른쪽으로 밀어 줍니다. 오른쪽 상단의 '그룹'을 터치하면 선택한 두 개의 레이어가 그룹으로 만들어집니다.

5 그룹 터치 후 '이름변경'을 터치하여 그룹 이름을 '가우시안 흐림 효과'로 바꿔 줍니다.

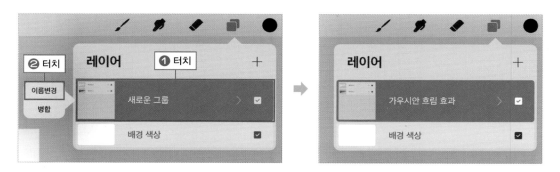

③ 움직임 흐림 효과를 사용하여 그림자 만들기

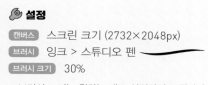

🔧 설정

캔버스 스크린 크기 (2732×2048px)

브러시 잉크 > 스튜디오 펜

브러시 크기 30%

* 브러시 크기는 원하는 대로 설정하여도 됩니다.

1 '가우시안 흐림 효과' 그룹에 있는 '글씨 레이어'를 복사합니다.

2 복사한 레이어를 그룹 밖으로 옮깁니다.

3 '가우시안 흐림 효과' 그룹은 오른쪽 체크
박스를 터치하여 안 보이게 끕니다.

4 복사한 레이어에 새로운 그림자를 만들기 위해 다시 복사합니다. 아까와 마찬가지로 위 레이어는 '글씨
레이어', 아래 레이어는 '그림자 레이어'라고 부르겠습니다.

5 '그림자 레이어'를 터치한 후, '반전'을 터치
하여 글자 색을 검정색으로 바꿔 줍니다.

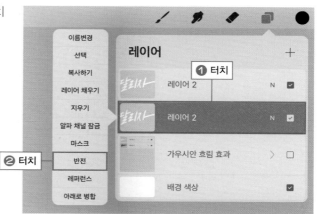

6 변형 > 균등을 터치한 후, 위아래로 드래그하며 그림자의 위치를 조정합니다.

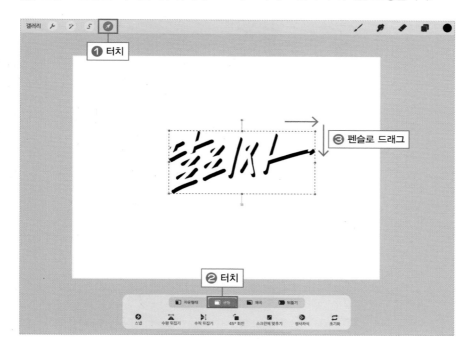

7 조정 > 움직임 흐림 효과를 터치합니다.

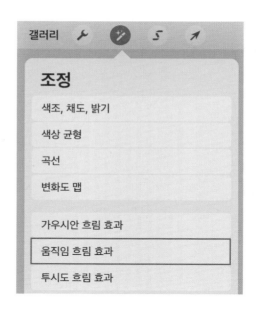

8 펜슬로 글씨를 움직여 그림자의 각도를 조정하고, 상단 슬라이더로 흐림 정도를 조정합니다. '움직임 흐림 효과'는 그림자의 각도를 조정할 수 있어 좀 더 동적인 표현을 하기에 좋습니다.

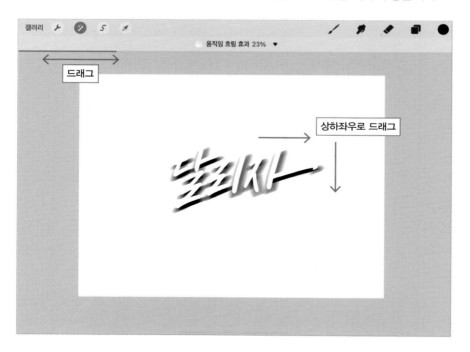

9 변형 > 균등을 터치하여 그림자 위치를 조정합니다. 그림자가 글씨 위로 보이지 않게 오른쪽 하단으로 옮겨 줄게요.

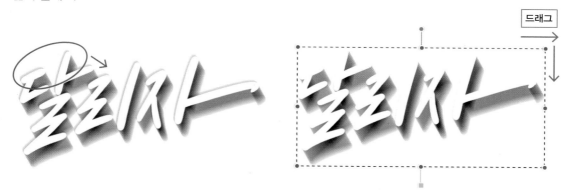

10 '그림자 레이어'를 복사하여 그림자를 좀 더 진하게 만듭니다.

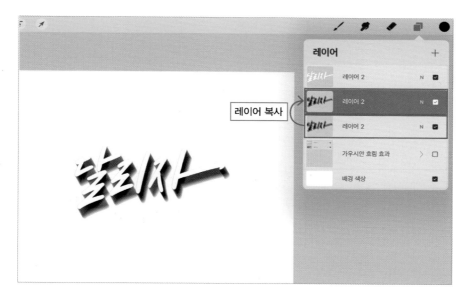

11 맨 아래 그룹 레이어 위에 새 레이어를 만듭니다.

레이어 추가

12 원하는 색을 선택한 후, 추가한 레이어에 색을 채웁니다. 배경색이 들어가는 레이어는 글씨 레이어보다 위에 있으면 글씨가 가려지기 때문에 글씨 레이어 아래에 있어야 합니다. '움직임 흐림 효과'를 사용하여 그림자를 만들었습니다.

양각 글씨 만들기

🔧 설정

[캔버스] 스크린 크기 (2732×2048px)

[브러시] 잉크 > 스튜디오 펜 ━━━

[브러시 크기] 30%

＊브러시 크기는 원하는 대로 설정하여도 됩니다.

1 '여행갈까' 글씨를 씁니다. 귀여운 글씨로 써 볼게요.

• 글씨의 전체 구도는 부채꼴 모양으로 만듭니다. 아래 이미지의 각도를 참고해 주세요.

• 세로 모음은 약간 둥글게 쓰고, '행'의 받침 ㅇ은 ㅎ과 ㅐ 사이, '갈'의 받침 ㄹ은 ㄱ와 ㅏ 사이에 씁니다. '까'의 ㅏ는 가로획을 길게 빼며 끝은 살짝 위로 올려 볼게요.

2 레이어를 복사한 후, 위 레이어는 '글씨 레이어', 아래 레이어는 '그림자 레이어'라고 부르겠습니다.

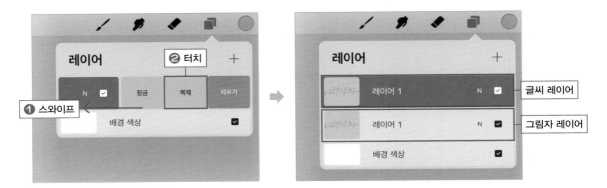

3 '그림자 레이어'를 터치 후, 조정 > 가우시안 흐림 효과를 터치합니다.

4 상단 슬라이더를 조정하여 그림자에 흐림을 적용합니다. (이미지에 적용한 효과 수치 : 7%)

5 컬러피커에서 그림자에 들어갈 색상을 선택합니다.

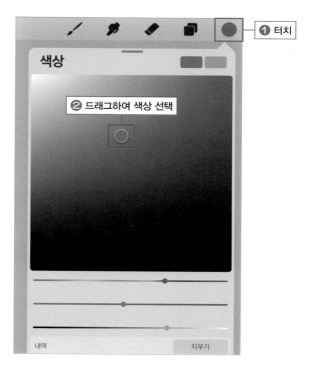

6 선택 > 색상 채우기를 터치합니다.

7 '자동'을 터치한 후, 글씨를 터치한 상태에서 좌우로 드래그하며 색을 채웁니다. 흐리게 만든 그림자의 경계선이 선명하게 될 때까지 색을 채웁니다.

8 '글씨 레이어'를 2번 복사합니다. 복사한 2개의 레이어는 입체감을 만들어 글씨의 양각을 표현할 것입니다.

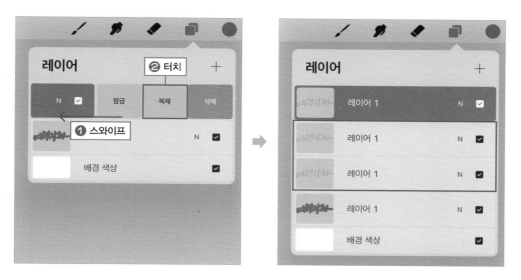

9 컬러피커에서 흰색을 선택한 후, 맨 아래의 '글씨 레이어'를 터치, '선택'을 터치하여 글씨에 흰색을 입힙니다.

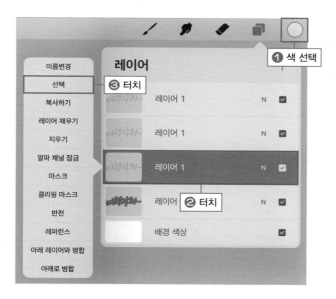

🎨 **프로크리에이트** **TIP**

'레이어 옵션'의 '선택'을 터치하면 해당 레이어의 작업 영역만 선택됩니다. 이때, 선택 > 색상 채우기가 활성화된 상태라면 색이 자동으로 입혀지는데요. 색상 원을 터치하여 색을 드래그하면 드래그하는 색으로 글씨 색이 바뀌기 때문에 글씨에 어떤 색이 잘 어울리는지 직접 보면서 색을 선택할 수 있습니다.

10 변형 > 균등을 터치한 후, 글씨를 오른쪽 아래로 조금씩 움직여 봅니다. 조금 전 흰색을 입혔던 글씨가 보일 겁니다. 흰색이 보이면서 글씨가 조금 더 입체적으로 보입니다.

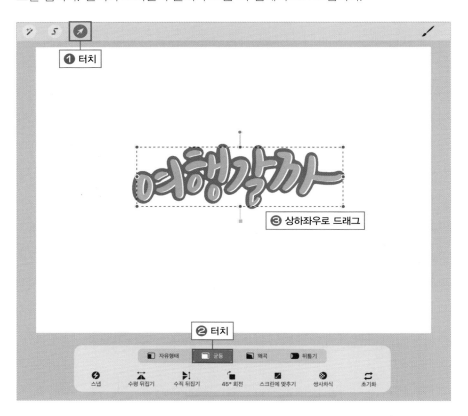

11 이번엔 흰 글씨 위에 있는 레이어를 선택하여 흰색과 대비되는 어두운색을 입혀 줍니다.

12 변형 > 균등을 터치하여 글자를 드래그하며 위치를 조정합니다.

13 흰색이 너무 쨍하다면 흰색 글씨 레이어의 N을 터치한 후, 불투명도를 조정해도 됩니다.

14 위치에 따라 글씨의 입체감이 다르므로 다양하게 조정하여 내가 원하는 양각 글씨를 만들어 봅니다.

맨 위의 글씨 레이어를 두 손가락으로 스와이프하여 알파 채널 잠금을 만든 후, 직선이나 별 등 내가 원하는 그림을 글자에 데코하여도 좋습니다.

03

음각 글씨 만들기

🔧 설정

`캔버스` 스크린 크기 (2732×2048px)
`브러시` 잉크 > 재신스키 잉크
　　　 에어브러시 > 소프트 브러시
`브러시 크기` 30%

＊ 브러시 크기는 원하는 대로 설정하여도 됩니다.

1 '충전' 글씨를 씁니다. 음각을 더 잘 표현하기 위해 각이 진 '재신스키 잉크' 브러시로 써볼게요.

- 글씨는 약간 사선을 주고, '전'의 ㅈ은 '충'의 ㅜ 획 사이 공간에 위치를 잡아서 씁니다.
- ㅈ, ㅊ과 ㄴ의 끝은 약간 올려서 변형을 줍니다.

2 레이어를 복사합니다. 위 레이어는 '글씨 레이어', 아래 레이어는 '그림자 레이어'로 부르겠습니다.

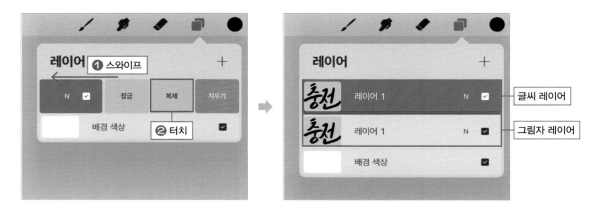

3 '그림자 레이어'를 선택한 후, 조정 > 움직임 흐림 효과를 터치합니다.

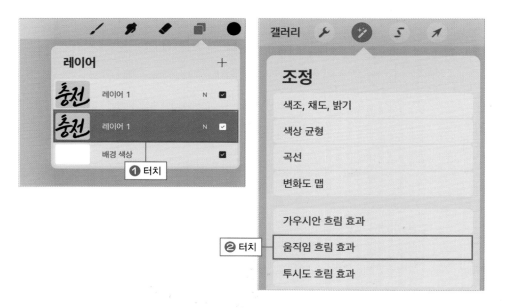

4 상단 슬라이더로 흐림 정도를 조정하고, 그림자의 방향은 글씨와 같게 조정합니다.

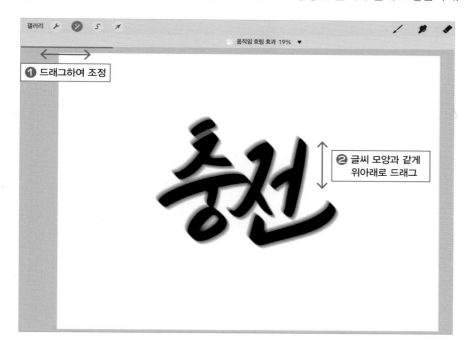

5 변형 > 균등을 터치한 후, 글씨의 라인에 맞게 그림자 위치를 조정합니다.

6 컬러피커에서 그림자에 들어갈 색을 선택합니다. 조금 어두운 톤으로 선택할게요.

7 선택 > 색상 채우기를 터치한 후, 그림자의 흐린 경계선이 선명해질 때까지 드래그하여 색을 채웁니다. 글자를 터치하여도 색이 채워집니다. 터치한 상태에서 좌우로 움직여 선택 한계값을 조정합니다.

⑧ 변형 > 균등을 터치한 후, 글씨의 라인과 맞닿게 그림자 위치를 조정합니다.

⑨ 컬러피커에서 옅은 회색을 선택한 후, 글씨 레이어에 색을 입힙니다. 이 글씨는 음각 글씨의 테두리가 될 예정이므로 밝은색을 선택합니다. '레이어 옵션'의 '선택'을 터치하여 색을 입힐 경우, 선택 > 색상 채우기가 활성화되어 있어야 자동으로 색이 입혀집니다.

🔟 '글씨 레이어'를 복사합니다. 맨 위 레이어는 '글씨 레이어', 그 아래는 글씨의 테두리를 표현할 '라인 글씨 레이어', 맨 아래는 '그림자 레이어'입니다.

⓫ '라인 글씨 레이어'를 터치 후, 조정 > 가우시안 흐림 효과를 터치합니다.

 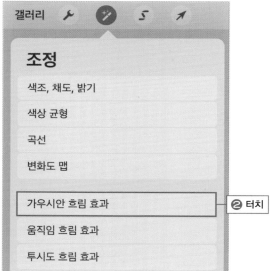

12 흐림 수치를 3% 적용하여 흐림 효과를 약간만 줍니다.

13 '글씨 레이어'의 체크박스를 해제하고 '라인 글씨 레이어'를 선택합니다.

14 선택 > 자동을 터치한 후, 글씨의 흐린 경계선이 선명해질 때까지 색을 채웁니다. 선택 한계값을 높여 약간 두껍게 만들어 줍니다.

15 '글씨 레이어'의 체크박스를 다시 체크하여 레이어를 켭니다. 컬러피커에서 밝은 톤의 색을 선택 후, 맨 위의 '글씨 레이어'에 입힙니다.

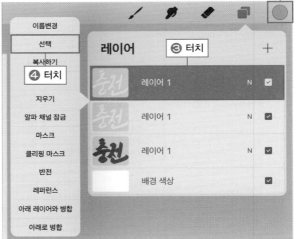

16 '글씨 레이어'에 색이 칠해지면 글씨의 라인이 하얗게 보입니다.

17 레이어를 추가한 후 추가한 레이어를 터치, 클리핑 마스크를 터치합니다. 클리핑 마스크가 적용되면 레이어에 이미지와 같은 화살표가 생깁니다.

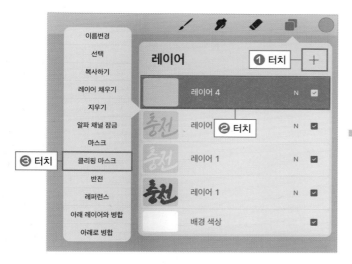

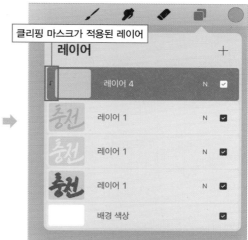

🔊 클리핑 마스크란?

클리핑 마스크는 상위 레이어에 채색을 하거나 이미지를 삽입할 때 하위 레이어의 작업 영역 안에서만 적용이 되는 기능입니다.

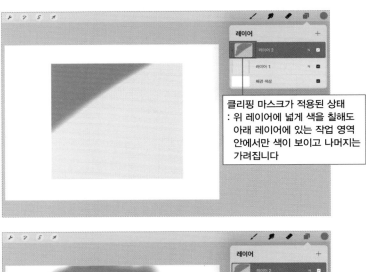

클리핑 마스크가 적용된 상태
: 위 레이어에 넓게 색을 칠해도 아래 레이어에 있는 작업 영역 안에서만 색이 보이고 나머지는 가려집니다

클리핑 마스크가 해제된 상태
: 숨겨졌던 채색 영역이 모두 보입니다

클리핑 마스크는 하위 레이어의 영역 안에서 자유롭게 이동하며 배치할 수 있습니다.

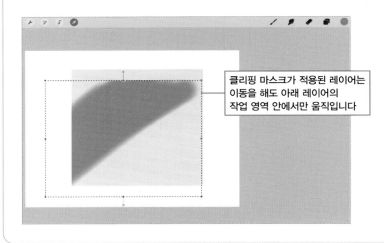

클리핑 마스크가 적용된 레이어는 이동을 해도 아래 레이어의 작업 영역 안에서만 움직입니다

❖ 클리핑 마스크와 알파 채널 잠금의 차이점

클리핑 마스크는 새로운 레이어에 기능을 적용하기 때문에 채색이 잘못되어도 수정이 용이하나, 알파 채널 잠금은 하나의 레이어에서 모든 기능을 적용하기 때문에 수정이 어렵습니다.

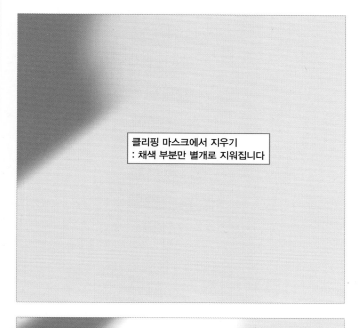

클리핑 마스크에서 지우기
: 채색 부분만 별개로 지워집니다

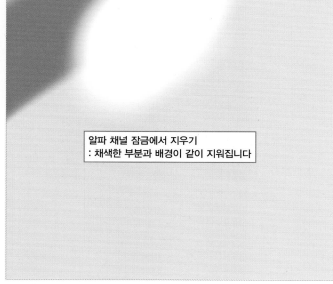

알파 채널 잠금에서 지우기
: 채색한 부분과 배경이 같이 지워집니다

18 브러시 > 에어브러시 > 소프트 브러시를 터치한 후, 크기를 2%로 맞춥니다.

19 컬러피커에서 색을 선택합니다. 글씨에 음각 효과를 나타낼 음영을 표현하기 위해 어두운색을 선택하는 것이 좋습니다.

20 소프트 브러시로 글씨의 라인을 따라 음영을 그립니다. 클리핑 마스크가 적용된 레이어에 그려야 합니다.

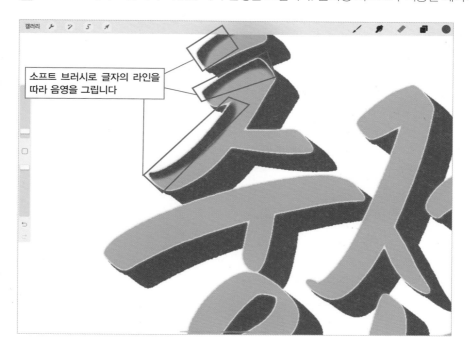

21 지우개 > 에어브러시 > 소프트 브러시를
선택합니다.

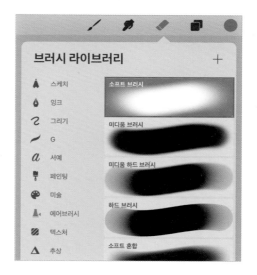

22 브러시 크기를 1%로 낮추고 라인의 모서리를 정리합니다.

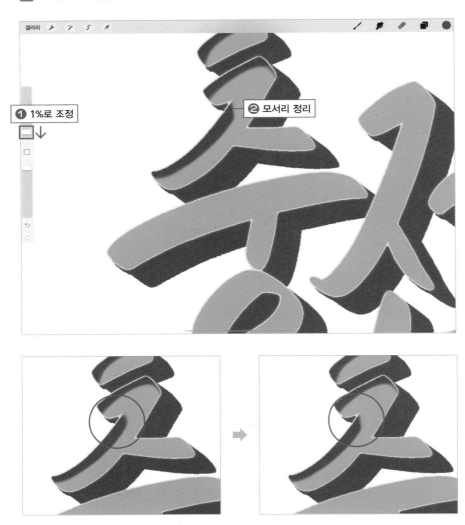

① 1%로 조정

❷ 모서리 정리

지우개도 브러시 선택이 가능합니다. 지우개는 채색 및 글씨에 사용한 브러시와 동일하게 선택하여야 이미지에 이질감을 주지 않습니다.

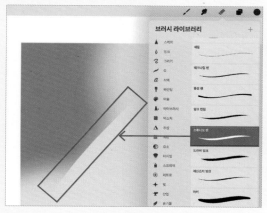

▲ 지우개 브러시를 다르게 사용한 경우   ▲ 지우개 브러시를 동일하게 사용한 경우

23 '클리핑 마스크 레이어'의 N을 터치 후, 불투명도를 60%로 조정하여 완성합니다.

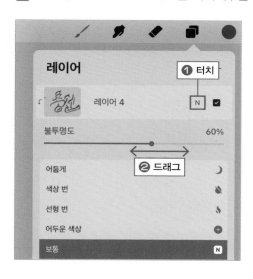

1 맨 아래 '그림자 레이어' 위에 새 레이어를 추가한 후, 클리핑 마스크를 적용합니다.

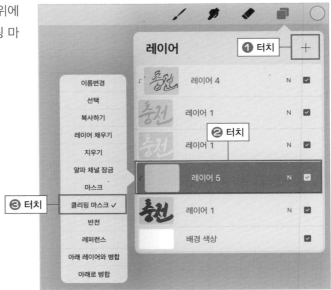

2 브러시 > 스프레이 > 중간 노즐 브러시를 선택합니다.

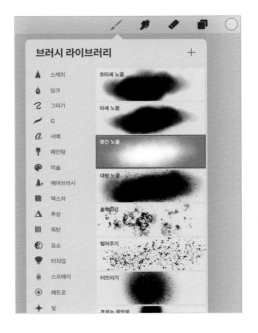

3 컬러피커에서 연한 회색을 선
택합니다.

4 그림자의 라인을 따라 브러시
로 색을 입힙니다.

글씨에 다양한 왜곡 효과 주기

🔧 설정

- **캔버스** 스크린 크기 (2732×2048px)
- **브러시** 서예 > 스크립트
- **브러시 크기** 30%

* 브러시 크기는 원하는 대로 설정하여도 됩니다.

1 '상상의 집' 글씨를 씁니다. 같은 글자가 반복될 경우 길이나 각도, 크기나 굵기를 다르게 써 봅니다.

- 조사 '의'는 조금 작거나 얇게 씁니다.
- 글귀 의미에 어울리게 좀 더 변형해도 좋아요. 저는 '집'에서 ㅂ의 가로획을 거꾸로 올려 써 봤습니다.

각도 다르게

길이 다르게 크기 다르게

2 레이어를 복사합니다. 레이어는 계속 복사하여 여러 왜곡을 줄 예정으로, 복사할 원본 레이어는 맨 아래 두고 체크박스를 해제하여 보이지 않게 합니다.

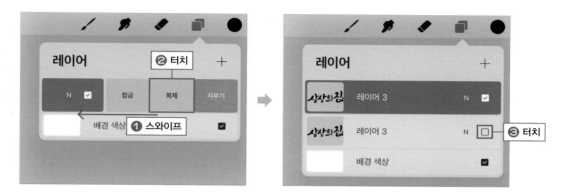

3 변형 > 왜곡을 터치한 후, 사각 박스 상단의 두 개의 파란 점을 안쪽으로 밀어 사다리꼴 모양으로 만듭니다.

'그리기 가이드'를 켜면 파란 점을 같은 간격으로 움직이기 좋아요. 조금 전 왜곡을 주었던 상황에서 뒤로가기를 하여 원래대로 글씨를 되돌린 후, '그리기 가이드'를 켜고 왜곡을 다시 한번 적용해 봅니다.

④ 이번에는 상단 두 개의 파란 점을 더 아래로 움직여 글씨가 누워있는 것처럼 만들어 볼게요. 파란 점을 더 움직여서 왜곡을 많이 적용해 봅니다.

변형 아이콘이나 다른 작업 툴을 터치하면 왜곡이 종료되는데요. 왜곡을 다시 터치하면 왜곡된 글씨 크기에 맞춘 사각 박스가 새로 만들어져서 이전과는 왜곡이 동일하게 적용되지 않습니다. 왜곡을 계속 적용하다 보면 글씨 모양이 이상해지는 경우도 생기는데 이럴 땐 왜곡을 종료한 후, 다시 왜곡을 주거나 뒤로가기를 활용하는 것이 좋습니다.

⑤ 왜곡을 적용한 레이어는 체크박스를 터치하여 안 보이게 끄고, 맨 아래 원본 레이어는 다시 켜 줍니다. 원본 레이어를 복사합니다.

⑥ 맨 아래의 원본 레이어는 체크박스를 터치
하여 안 보이게 끕니다.

⑦ 변형 > 왜곡을 선택 후, 왼쪽 상단의 파란
점을 아래로 내려 봅니다.

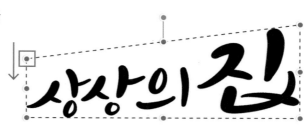

⑧ 뒤로가기를 하여 글씨를 왜곡 전으로 되돌
린 후, 이번엔 오른쪽 상단의 파란 점을 내려
볼게요. 글씨가 점점 커지거나 작아지는 왜곡
을 만들 수 있습니다.

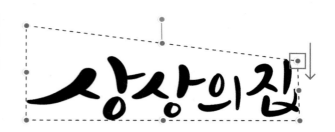

⑨ 다시 원본 레이어를 복사한 후, 맨 아래 원
본 레이어는 안 보이게 꺼 줄게요.

10 변형 > 왜곡을 터치하여 맨 아래 파란 점을 안쪽으로 옮겨 봅니다.

11 다시 원본 레이어를 복사한 후, 맨 아래의 원본 레이어는 꺼 줍니다.

① 레이어 복사

② 체크박스 해제

12 변형 > 왜곡을 터치한 후, 상단 두 개의 파란 점을 오른쪽으로 옮겨 평행사변형을 만들어 봅니다. 글씨가 옆으로 기울어진 것처럼 보입니다.

13 왜곡을 주었던 레이어들을 모두 선택하여 그룹을 만듭니다.

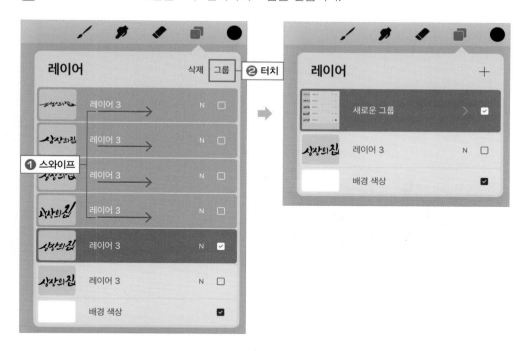

14 원본 레이어를 복사한 후, 복사한 레이어만
남기고 나머지 레이어는 안 보이게 끕니다.

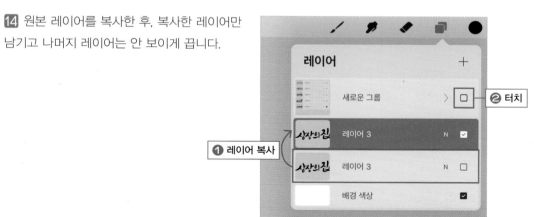

15 변형 > 뒤틀기를 터치합니다. 이번엔 글자를 뒤틀어 왜곡을 적용해 보겠습니다. 글씨의 상단 중앙과 하단 중앙 사각 박스를 바깥으로 드래그합니다. 뒤틀기는 사각 박스가 칸칸이 나뉘어 있는데 이 공간들을 움직이면 글씨가 움직이는 방향대로 뒤틀립니다.

16 맨 아래 원본 레이어를 복사한 후. 원본 레이어는 안 보이게 꺼 줍니다.

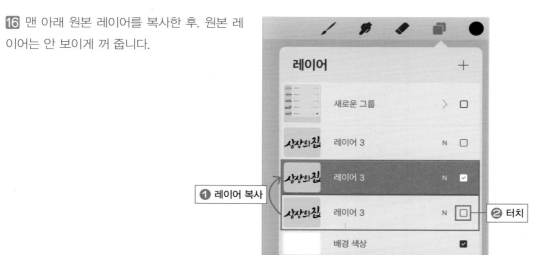

17 변형 > 뒤틀기를 터치한 후 상단 중앙을 아래로 밀어 봅니다. 글씨의 가운데가 움푹 들어가 보입니다.

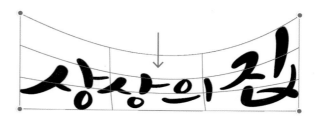

18 이번엔 글씨를 타원 모양으로 만들어 볼게요. 원본 레이어를 복사하여 이번엔 사각 박스의 상하좌우의 중앙을 바깥으로 밀어 봅니다.

19 왜곡을 종료한 후, 다시 변형 > 뒤틀기를 터치하여 오른쪽 이미지처럼 글씨를 밀어서 조정합니다. 글자의 양 끝은 안쪽으로 둥글게 말린 듯하게 밀고, 가운데 글자는 바깥으로 밀어서 글자를 타원 모양으로 만들어 봅니다.

20 뒤틀기를 했던 모든 레이어를 그룹으로 만들어 정리합니다.

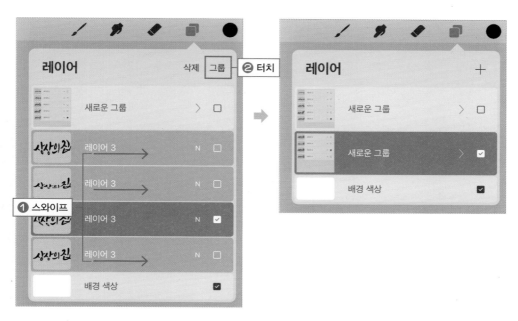

05

왜곡을 활용하여 입체 글씨 만들기

🔧 설정

- **캔버스** 스크린 크기 (2732×2048px)
- **브러시** 잉크 > 스튜디오 펜
  에어브러시 > 소프트 브러시
- **브러시 크기** 30%

＊ 브러시 크기는 원하는 대로 설정하여도 됩니다.

1 캔버스 왼쪽에 '행복하자 오늘도' 글씨를 씁니다. 구도는 왼쪽 정렬로 씁니다. 각도 변형 없이 쓰면 글씨가 단정해 보입니다.

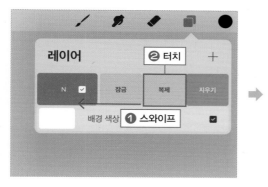

2 레이어를 복사합니다. 위 레이어는 '원본 레이어', 아래 레이어는 '그림자 레이어'로 부르겠습니다.

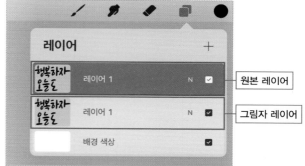

3 '그림자 레이어'를 선택한 후 N을 터치하여 불투명도를 20%로 조정합니다.

4 '원본 레이어'를 선택한 후, 변형 > 뒤틀기를 터치합니다. 왼쪽 상단의 파란 점을 대각선 방향으로 이동하여 글자가 접히는 것처럼 만듭니다.

5 왜곡을 종료한 후, 원본 레이어의 체크박스를 해제하여 안 보이게 끕니다.

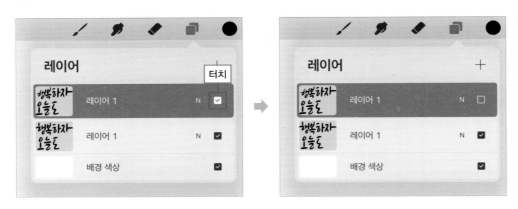

6 '그림자 레이어'를 선택한 상태에서 선택 > 올가미를 터치합니다.

7 '행복'을 제외한 나머지 글자를 올가미로 선택한 후, 세 손가락을 아래로 쓸어내려 '복사 및 붙여넣기' 창을 띄웁니다. '자르기'를 터치하여 올가미로 선택한 글자를 잘라냅니다.

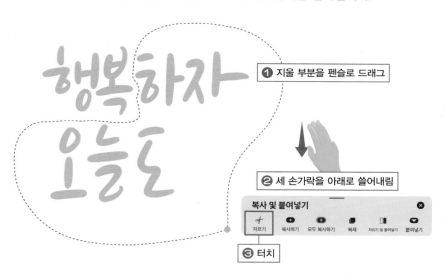

8 '원본 레이어'를 켭니다. '그림자 레이어'는 '행복' 글자만 남기고 나머지 글자들을 모두 지워 깔끔하게 만들었습니다.

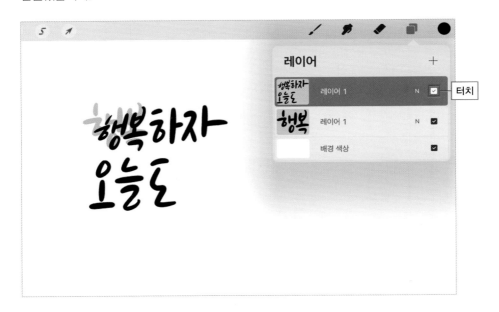

9 레이어를 추가한 후, 맨 아래로 이동합니다. 이 레이어엔 배경색을 넣을 예정으로, 글씨가 보여야 하기 때문에 맨 아래로 이동합니다.

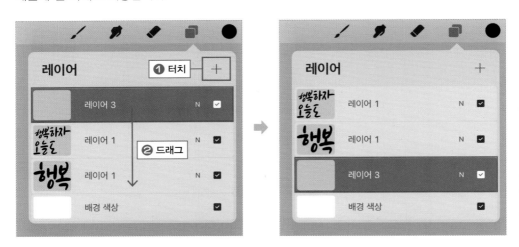

10 선택 > 직사각형을 터치하고 글씨가 있는 왼쪽 면인 캔버스의 절반을 선택합니다.

11 직사각형이 선택된 상태에서 색상 원을 터치한 후, 연한 회색을 선택합니다.

12 색상을 선택한 영역으로 드래그하여 색을 채웁니다. 스냅을 켜서 캔버스 절반에 맞춰도 됩니다.

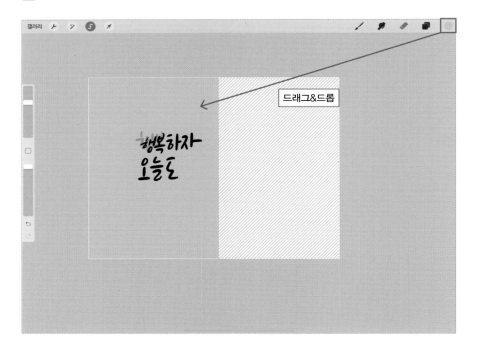

드래그&드롭

프로크리에이트 TIP

색상은 컬러드롭하지 않고, 선택 > 색상 채우기를 터치하여 바로 색을 채워도 됩니다. 프로크리에이트에서 효과를 적용하는 방법은 하나만 있는 게 아니기 때문에, 좀 더 간편한 방법 또는 내가 사용하기 편한 방법을 사용합니다.

13 맨 아래 배경색을 넣은 레이어를 복사합니다.

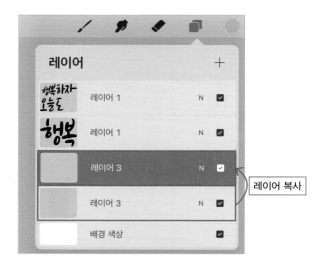

레이어 복사

14 변형 > 균등을 터치한 후, 복사한 배경 레이어를 오른쪽으로 옮깁니다. 캔버스의 하얀 배경이 보이지 않도록 캔버스 위치와 똑같게 맞춥니다.

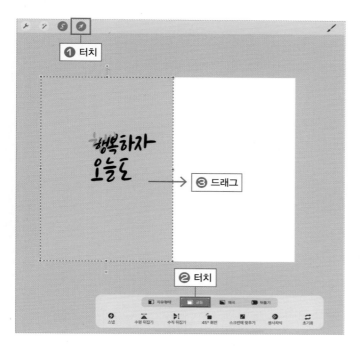

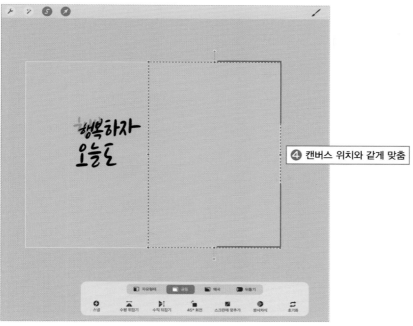

15 배경 레이어 위에 새 레이어를 추가한 후. 클리핑 마스크를 적용합니다. 맨 아래는 '배경 원본 레이어', 그 위 레이어는 '배경 복제 레이어'로 부르겠습니다. '클리핑 마스크'는 '배경 복제 레이어'에 적용되어야 합니다.

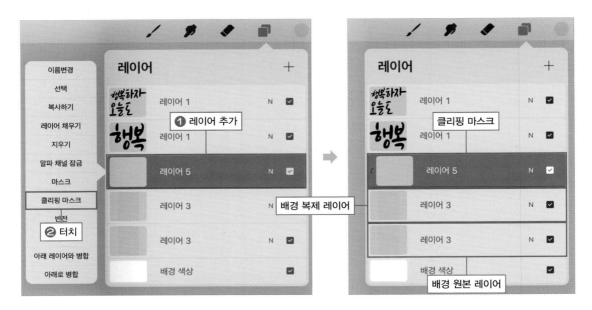

16 브러시 > 에어브러시 > 소프트 브러시를 선택합니다.

17 컬러피커에서 배경 색보다 조금 더 짙은 회색을 선택합니다.

❶ 터치

색상

❷ 드래그하여 색 선택

18 브러시 크기를 약 27%로 맞춘 후, 위에서 아래로 채색합니다. 음영이 생기며 책이 펼쳐진 듯한 입체감이 생깁니다.

27%

행복하자
오늘도

19 글씨 레이어와 그림자 레이어를 모두 선택
합니다.

20 변형 > 균등을 터치한 후, 글씨를 드래그하여 위치와 크기를 조정하여 완성합니다.

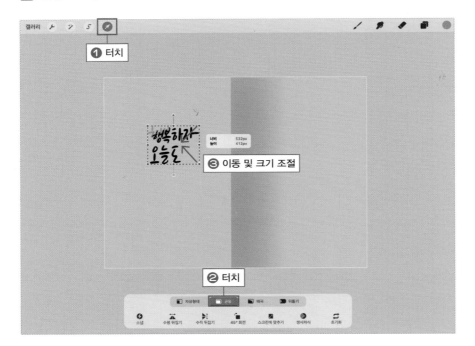

색을 활용한 캘리그라피

에어브러시를 사용하여 그라데이션 글씨 만들기

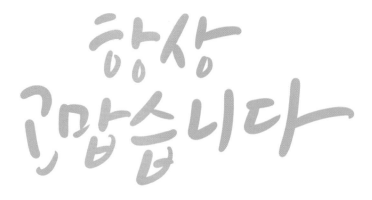

⚙ 설정

- **캔버스** 스크린 크기 (2732×2048px)
- **브러시** 잉크 > 스튜디오 펜 ⎯⎯⎯
  에어브러시 > 소프트 브러시 ⬤
- **브러시 크기** 30%

＊브러시 크기는 원하는 대로 설정하여도 됩니다.

1 '항상 고맙습니다'를 귀여운 글씨로 씁니다.

- 모음의 각도를 다양하게 주고, '고'처럼 획도
  분리하여 써 봅니다.
- 구도는 가운데 정렬로 씁니다.

2 레이어를 두 손가락으로 밀어 알파 채널
잠금을 적용합니다.

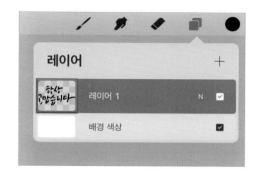

3 브러시 > 에어브러시 > 소프트 브러시를
선택합니다.

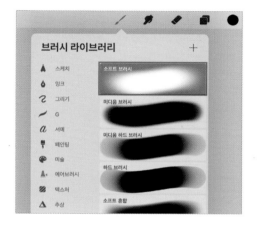

4 컬러피커에서 글씨에 들어갈 색을 선택합
니다.

5 브러시로 글씨의 왼쪽 면을 채색합니다. 브러시 크기는 너무 크거나 작지 않은 중간 정도로 선택합니다. 에어브러시는 경계면이 선명하지 않아 그라데이션, 그림자를 만들거나 자연스럽게 채색하기에 좋습니다.

6 글씨에 그라데이션할 다른 색을 선택한 후, 채색합니다. 글씨의 검정색이 보이지 않게 꼼꼼히 채색합니다.

7 마지막으로 그라데이션할 색을 선택하여 채색한 후, 글씨의 검정색이 보이지 않는지 확인합니다. 색을 바꾸고 싶다면 컬러피커에서 다른 색을 선택하여 채색할 수 있습니다.

02

클리핑 마스크를 사용하여 그라데이션 글씨 만들기

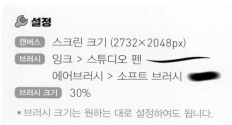

🔧 **설정**

캔버스 스크린 크기 (2732×2048px)
브러시 잉크 > 스튜디오 펜 ━━━
　　　 에어브러시 > 소프트 브러시 ━━
브러시 크기 30%

＊ 브러시 크기는 원하는 대로 설정하여도 됩니다.

1 브러시 > 에어브러시 > 소프트 브러시를 선택합니다.

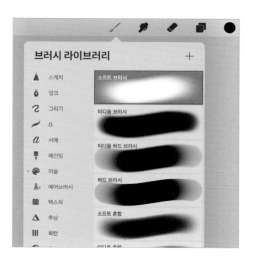

2 원하는 색을 선택하여 아래 이미지와 같이 캔버스에 여러 색을 채색합니다. 흰색 배경이 보이지 않게 꼼꼼히 채색합니다.

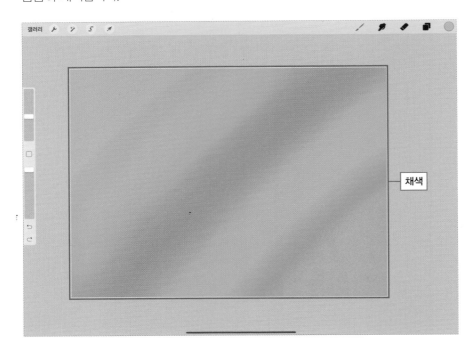

채색

3 검정색을 선택한 후, 레이어를 추가합니다.

❶ 색 선택

❷ 레이어 추가

4 '항상 고맙습니다'를 감성 글씨로 씁니다. 사선으로 쓰고, 마지막 획은 길게 씁니다.

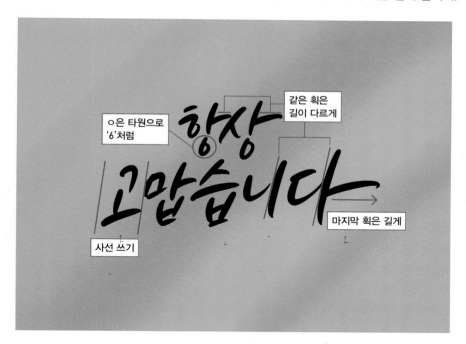

5 글씨 레이어를 맨 아래로 옮깁니다.

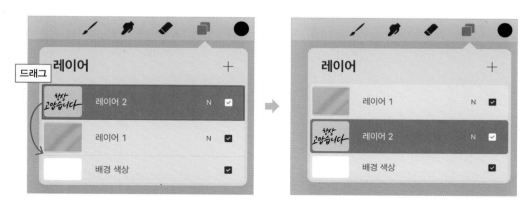

6 채색한 배경 레이어를 터치한 후, 클리핑 마스크를 터치합니다. 클리핑 마스크를 적용하면 배경색이 바로 아래 레이어에 있는 글자에만 적용되고, 나머지는 보이지 않습니다.

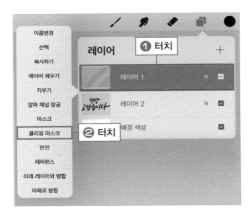
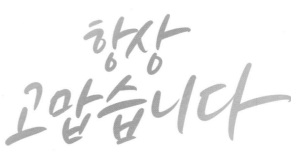

7 글씨 레이어를 선택한 후 글씨를 움직이면 채색한 배경색에 따라 글씨색도 달라집니다.

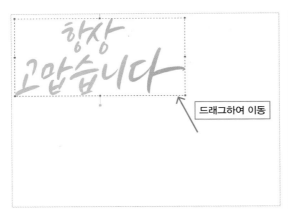
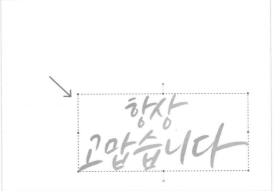

그라데이션 배경 만들기

🔧 설정

캔버스 스크린 크기 (2732×2048px)

브러시 잉크 > 스튜디오 펜 ———

에어브러시 > 소프트 브러시 ⬤

브러시 크기 30%

＊브러시 크기는 원하는 대로 설정하여도 됩니다.

1 브러시 > 에어브러시 > 소프트 브러시를
선택합니다.

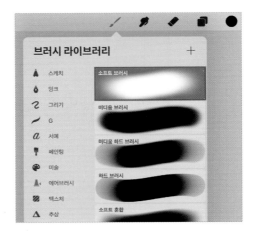

2 컬러피커에서 원하는 색을 선택한 후, 아래 이미지처럼 캔버스를 채색합니다. 브러시 크기를 크게 하여
위에서 아래로 드래그하면 채색이 좀 더 쉽습니다. 색은 2가지를 선택하여 진행해 볼게요.

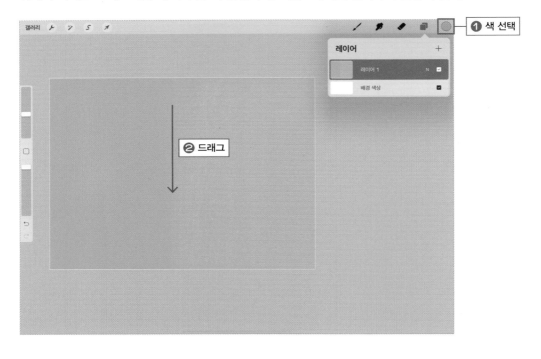

③ 조정 > 가우시안 흐림 효과를 터치합니다.

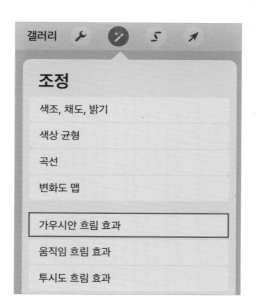

④ 상단 슬라이더를 드래그하여 흐림 효과를 적용합니다.

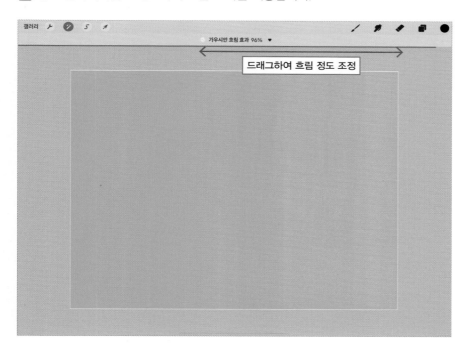

캘리그라피 TIP

그라데이션 배경은 다양하게 만들어 저장해 두면 캘리그라피 배경 이미지로 계속 사용할 수 있습니다.

5 두 손가락으로 캔버스를 세로로 회전한 후, 레이어를 추가하여 글씨를 씁니다. 글씨는 중앙에 너무 크지 않게 씁니다. 감성 글씨로 '안녕, 나의 봄'을 써 볼게요.

- 구도는 왼쪽 정렬로 하고 두 번째 줄인 '나의 봄'을 좀 더 크게 씁니다.
- 이때 조사인 '의'는 작게 쓰고, '봄'은 포인트 단어로 가장 크게 씁니다.
- '봄'의 받침 ㅁ 뒤에 오는 글자가 없으므로 획을 길게 빼서 감성적인 느낌을 더 살려 줍니다.

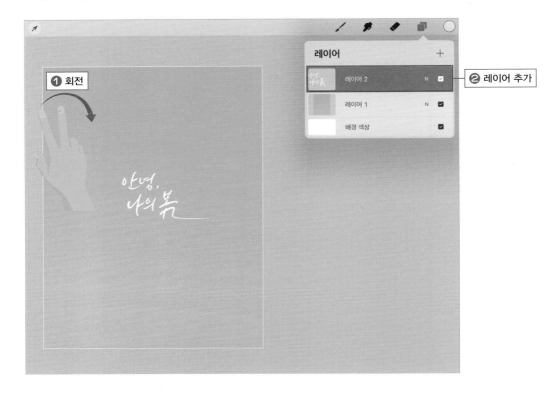

04

메탈 글씨 만들기

🛠 설정

캔버스	스크린 크기 (2732×2048px)
브러시	잉크 > 재신스키 잉크
	에어브러시 > 소프트 브러시
브러시 크기	30%
팔레트	메탈.swatches

* 브러시 크기는 원하는 대로 설정하여도 됩니다.

1 '골드' 글씨를 씁니다. 금속 느낌을 좀 더 살리기 위해 각이 진 '재신스키 잉크' 브러시를 사용합니다.

• 사선으로 쓰며, '드'는 '골'보다 조금 아래에 씁니다.

• '드'의 — 획은 '골'의 받침 ㄹ의 가로획과 엇갈리게 써서 획끼리 부딪히지 않게 합니다.

2 레이어를 복사합니다. 위 레이어는 '글씨 레이어', 아래 레이어는 '그림자 레이어'입니다.

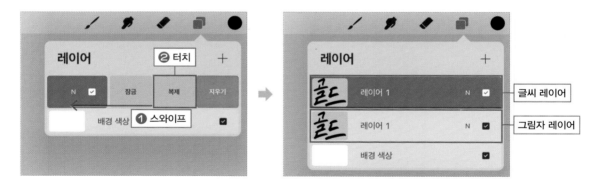

3 '그림자 레이어'를 선택한 후, 조정 > 움직임 흐림 효과를 터치합니다.

4 그림자에 움직임 흐림 효과를 적용합니다. (이미지에 적용한 흐림 수치 : 15%)

5 변형 > 균등을 터치한 후, 그림자의 라인을 글씨의 라인에 맞춥니다.

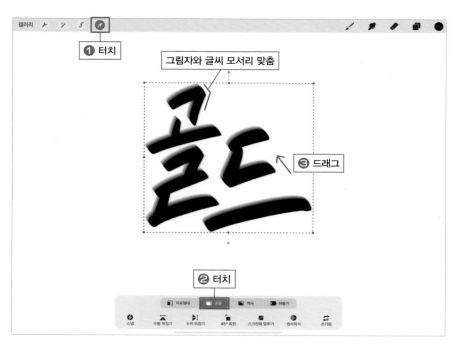

6 '글씨 레이어'의 체크박스를 해제하여 보이지 않게 하고, 선택 > 자동 > 색상 채우기를 터치합니다.

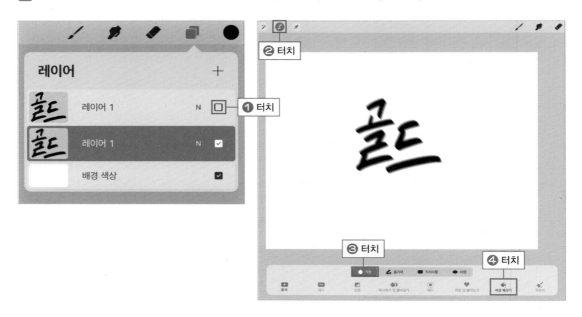

7 '메탈 팔레트'에서 옐로우(■)를 선택합니다. 선택 > 자동을 탭한 후, 글자들을 터치하여 그림자의 흐린 경계면이 안 보일 때까지 드래그하여 색을 채웁니다.

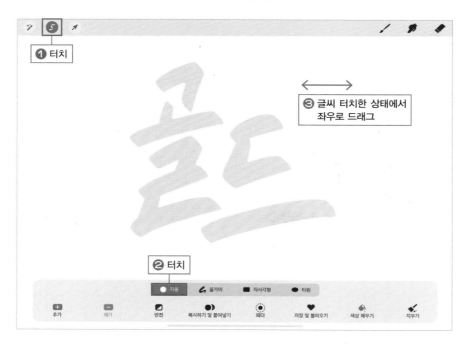

📱 프로크리에이트 TIP

해당 팔레트에서 카드를 보면 색상명을 확인할 수 있습니다.

8 '글씨 레이어'의 체크박스를 터치하여 켠 후, 알파 채널 잠금을 적용하여 그림자와 같은 색을 글씨에 채웁니다. 색을 채운 후, 알파 채널 잠금은 해제합니다.

 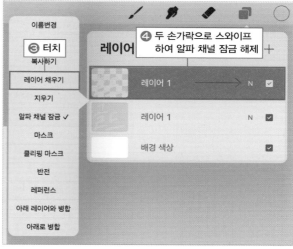

9 레이어를 추가한 후, 클리핑 마스크를 적용합니다.

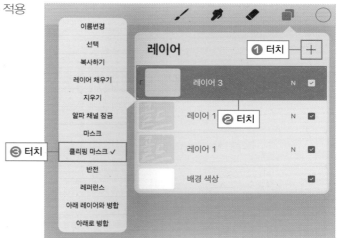

10 브러시 > 에어브러시 > 소프트 브러시를
선택합니다.

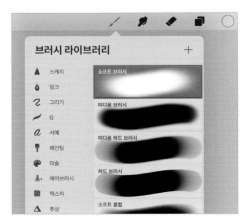

11 '메탈 팔레트'에서 브라운(■)을 선택한 후, '클리핑 마스크 레이어'에 이미지처럼 위에서 아래로 칠하며
줄무늬를 만들어 줍니다.

12 '그림자 레이어' 위에 새 레이어를 추가하여 클리핑 마스크를 적용합니다.

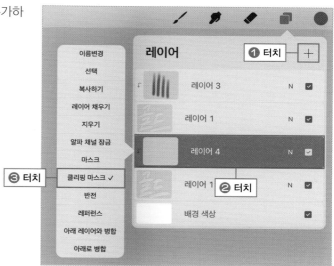

13 '메탈 팔레트'에서 딥브라운(■)을 선택한 후, 글씨에 브라운이 칠해지지 않은 곳에 줄무늬를 긋듯이 칠합니다. 채색은 '그림자 클리핑 마스크 레이어'에 들어갑니다.

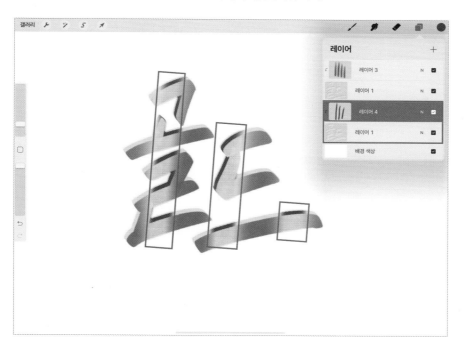

14 그림자의 라인이 글씨 라인에 잘 안 맞는다면 그림자를 움직여 글씨의 모서리에 정확히 맞춰줍니다. 그림자를 움직일 땐 '그림자 레이어'와 '그림자 클리핑 마스크 레이어'를 같이 선택하여 움직여야 합니다.

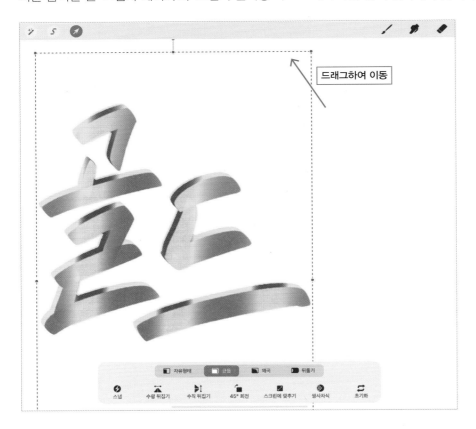

드래그하여 이동

15 그림자의 경계가 좀 더 자연스러워 보이도록 에어브러시로 채색하며 그라데이션을 합니다. 이때, '그림자 클리핑 마스크 레이어'가 선택된 상태에서 그라데이션을 해야 적용이 됩니다.

16 맨 위의 '글씨 클리핑 마스크 레이어'를 선택한 후, 브러시 크기를 낮추고 글씨에 가는 줄무늬를 좀 더 만들어 자연스럽게 그라데이션합니다. 브라운으로 진행합니다.

17 '글씨 클리핑 마스크 레이어'의 N을 터치하여 불투명도를 80%로 조정하여 마무리합니다.

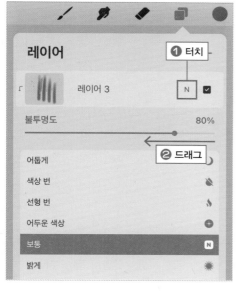

03

사진을 활용한 캘리그라피

01

글씨와 사진의 조화

① 글씨 쓰기 좋은 사진

글씨를 쓸 사진에는 글싸가 들어갈 공간이 반드시 있어야 합니다. 굴씨를 쓸 만한 여백이 없는 사진은 캘리그라피에 적합하지 않으므로, 사진을 선택할 땐 글씨가 들어갈 공간을 체크하는 것이 좋습니다. 여백이 많은 대표적 사진은 하늘인데요. 하늘을 직접 찍어서 그 위에 캘리그라피를 써도 좋아요.

▲ 글씨 쓸 여백이 충분한 사진

▲ 글씨 쓸 여백이 없는 사진

② 사진에 어울리는 글씨

사진의 분위기에 따라 좀 더 잘 어울리는 글씨가 있습니다. 사진의 채도가 높다면 귀여운 글씨가, 채도가 낮으면 좀 더 감성적인 글씨가 잘 어울리고요. 하늘이나 노을 사진엔 대체로 감성적인 글씨가, 귀여운 아기나 캐릭터가 있는 사진엔 귀여운 글씨가 좀 더 잘 어울립니다.

물론, 이것도 수학 공식처럼 정답이 있는 건 아니라서 사진의 용도, 색감 등에 따라 어울리는 글씨체는 달라집니다. 사진에 어떤 글씨가 어울리는지 전혀 감이 안 올 경우, SNS에서 캘리그라피가 입혀진 사진을 많이 보면 감각을 키우는 데 도움이 됩니다.

③ 사진과 글씨 색의 조화

앞서 사진에 올릴 글씨의 색은 검정색과 흰색이 무난하다고 얘기했는데요. 모든 사진에 이 두 가지 색만 계속 쓸 수는 없겠지요. 글씨 색을 정하기 어렵다면 검정색과 흰색이 무난하나 좀 더 예쁜 색을 찾고 싶다면 사진의 유사색을 활용하여도 좋습니다. 스포이드로 사진의 색을 추출하여 비슷한 색을 찾아 쓰는 건데요. 이때 추출한 유사색을 그대로 쓰는 것보단 컬러피커에서 유사색 주변으로 색을 드래그하여 선택하는 것이 좋습니다. 자칫, 글씨와 사진의 색이 거의 동일하여 글씨를 알아볼 수 없는 경우도 생길 수 있기 때문입니다. 글자색은 유사색과 함께 보색을 활용하여도 좋습니다.

⑷ 사진과 글귀의 조화

사진은 글씨뿐 아니라 글귀와도 조화를 이루는 것이 좋습니다. 바다와 관련된 글귀라면 바다 사진이, 커피와 관련된 글귀라면 커피 사진이 배경으로 쓰였을 때 더 잘 어울리겠지요. 사진이나 글귀는 내가 직접 쓴 글귀, 직접 찍은 사진이면 더 좋습니다. 저작권 문제에서도 자유롭고, 나를 더 잘 표현할 수 있기 때문입니다. 출처가 있는 경우 출저 기재를 해야 하며, 상업적으로 사용 시 충분히 알아본 후 진행해야 합니다. 글이나 글씨, 사진은 잘 못 쓰고 잘 못 찍어도 괜찮습니다. 하나의 작품에 온전히 나를 담아 보세요.

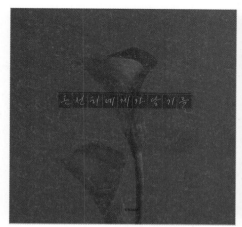 

▲ 언스플래쉬의 사진과 직접 찍은 사진 위에 직접 쓴 글귀를 담은 캘리그라피

🔊 무료 사진 사이트

사진을 잘 못 찍거나 글씨를 쓸 만한 사진이 없다면 무료 사진을 다운로드 받아 사용하여도 됩니다. 대표적으로 픽사베이(pixabay)와 언스플래쉬(unsplash)가 있으며, 저는 좀 더 감성적인 사진들이 많은 언스플래쉬를 주로 사용하고 있습니다. 언스플래쉬는 앱을 다운로드 받아 사용하면 편리합니다. 상업적 용도는 각 사이트의 라이센스 권한을 참고한 후 사용하도록 합니다.

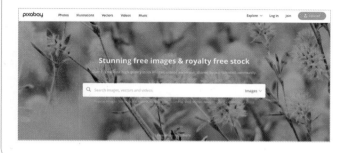

02

사진 위에 글씨 쓰기

 설정

캔버스 3000×3000px

브러시 잉크 > 스튜디오 펜 ━━━

브러시 크기 30%

＊브러시 크기는 원하는 대로 설정하여도 됩니다.

＊사진을 미리 다운로드받아 주세요. 또는 본인이 가지고 있는 사진을 사용하여도 됩니다.

1 동작 > 추가 > 사진 삽입하기를 터치하여 갤러리에서 사진을 가져옵니다.

2 변형 > 캔버스에 맞추기를 터치하면 사진이 캔버스의 크기에 맞춰집니다.

🔟 사진을 캔버스에 꽉 채우는 방법

사진과 캔버스의 가로, 세로 비율이 다를 경우 사진이 잘리지 않는 최대의 크기로 캔버스에 맞춰지는데, 이 경우
아래 이미지처럼 캔버스에 여백이 생깁니다.

사진의 비율과 관계없이 캔버스에 꽉 채우고 싶을 경우, 변형 > 스냅 > 자석을 활성화한 후 캔버스에 맞추기를
터치합니다.

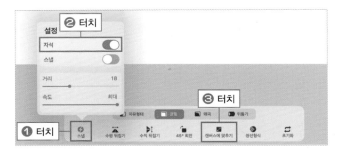

이 경우 '변형' 툴을 종료하면 캔버스의 크기에서 벗어난 이미지는 그대로 잘리기 때문에 펜슬로 사진을 드래그
하여 위치를 조정한 후 변형 툴을 종료하는 것이 좋습니다.

③ 레이어를 추가합니다. 레이어를 추가하지 않고 사진 레이어 위에 바로 글씨를 쓰면 수정이 안 되기 때문에, 사진 위에 글씨를 쓸 땐 사진 레이어와 별개로 글씨를 쓸 레이어를 반드시 추가합니다.

④ '하늘바라기'를 씁니다.
- 감성 글씨로 쓰며, 사선을 약간만 줍니다.
- 사선의 각도는 심하게 가독성이 떨어질 정도가 아니라면 글귀의 성격에 따라 다양하게 주어도 됩니다. 단, 문장 안에서 각 글자의 각도는 거의 동일하게 씁니다.

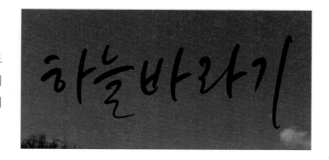

프로크리에이트 TIP

변형 > 스냅을 활성화하면 글씨의 위치를 중앙에 좀 더 쉽게 맞출 수 있습니다.

🔊 사진 위에 글씨 쓰기

▶ 글씨 위치

글씨는 사진의 중앙 또는 약간 위에 씁니다. 이것이 정답은
아니므로 사진의 여백이나 디자인 구성에 따라 사진의 왼쪽
이나 오른쪽, 상단이나 하단에 써도 괜찮습니다. 그러나 어디
에 써야 할지 잘 모를 때는 중앙에 쓰는 게 무난합니다.

▶ 글씨 크기

글씨의 크기가 너무 크면 사진에 글씨가 꽉 차 답답해 보이며, 너무 작으면 글씨가 잘 보이지 않습니다. 글씨는
너무 크거나 작지 않게 쓰는데, 중간 크기보다 약간 작게 쓰면 사진의 여백이 살아나 더 감성적이고 예쁘게 보
입니다.

▶ 글씨체

감성 글씨로 '하늘 바라기'를 써 봅니다. 같은 획이 반복될 경
우, 길이를 다르게 하여 리듬감을 줍니다.

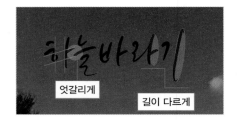

▶ 글씨 색

무난하게 쓸 수 있는 글씨 색은 검정색과 흰색입니다. 이 둘은 색을 바꿔서 적용하기도 쉬운데요. 검정 글씨로 쓴 후, '레이어 옵션'에서 '반전'을 터치하면 반대색인 흰색으로 바뀝니다. 흰색 글씨도 마찬가지로 '반전'만 터치하면 검정 글씨로 바꿀 수 있습니다.

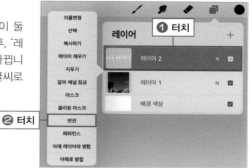

흰색 글씨가 사진 색과 비교해 쨍하게 보인다면, 글씨의 불투명도로 조정하여 사진과 톤을 자연스럽게 맞춥니다.

03

사진 합성 후 글씨 쓰기

🔧 설정

캔버스 3000×3000px

브러시 잉크 > 스튜디오 펜

에어브러시 > 소프트 브러시

브러시 크기 30%

* 브러시 크기는 원하는 대로 설정하여도 됩니다.

* 사진을 미리 다운로드받아 주세요.

1 빵 사진 2개를 캔버스로 가져온 후, 스크린 크기에 맞춥니다.

2 빵 2개가 있는 사진은 합성 사진, 빵 3개는 메인 사진으로 정합니다. 메인 사진은 아래에, 합성 사진은 메인 사진 위에 위치하도록 레이어의 순서를 맞춥니다.

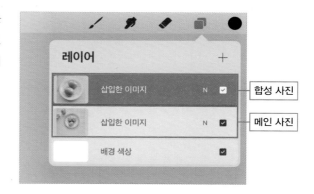

⓮ 여러 사진을 한 번에 불러오는 방법

① 앱 하단 중앙 바를 살짝 위로 밀어서 아이패드 독 바(dock bar)를 엽니다. 세게 밀면 앱이 꺼지니 살짝 밀어 주세요.

② 아이패드의 갤러리(사진첩)를 앱의 왼쪽 또는 오른쪽 바깥으로 밀어서 열어 줍니다.

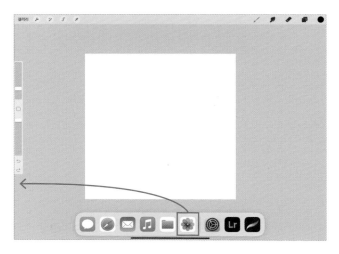

③ 갤러리 오른쪽 상단의 '선택'을 터치한 후, 불러올 사진들을 터치합니다.

④ 선택한 사진을 캔버스로 드래그합니다.

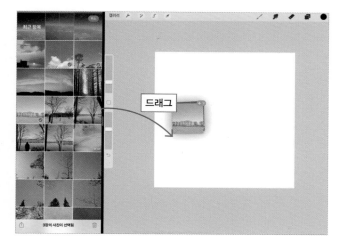

⑤ 갤러리는 안쪽 중앙 바를 바깥쪽으로 밀어서 끕니다.

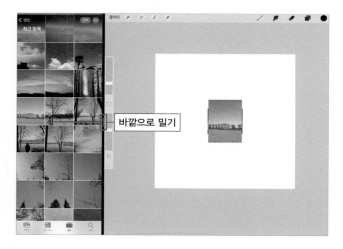

* 아이패드 상단 점 세개(●●●)를 눌러 가운데 split view를 터치. 갤러리 창을 열어 사진을 불러올 수도 있습니다.

3 '합성 사진 레이어'를 터치한 후, 마스크를 터치하여 레이어 마스크를 적용합니다.

🔊 레이어 마스크란?

레이어 마스크는 내가 원하는 만큼 지우고 복구할 수 있는 기능입니다. 레이어 마스크가 적용된 레이어를 검정색으로 칠하면 레이어가 투명해지면서 작업 영역이 지워지고, 흰색으로 칠하면 다시 원래대로 되돌아옵니다.

이미지를 지우개로 지우면 복구가 어렵지만 레이어 마스크는 잘못 지워도 복구가 가능하여 사진 합성도 손쉽게 할 수 있습니다.

4 브러시 > 에어브러시 > 소프트 브러시를
터치합니다.

5 레이어 마스크를 선택한 후, 접시를 제외한 나머지 부분을 검정색으로 칠하여 지웁니다. 검정색으로 칠
한 부분은 레이어 마스크의 미리보기에 까맣게 표시됩니다.

레이어 아래에 다른 레이어가 보이면 제대로 지워졌는지 확인이 어렵습니다. 맨 아래 '메인 사진 레이어'의 체크박스를 터치하여 안 보이게 끄면 흰색 배경만 보이며 제대로 지워지지 않은 부분들이 보입니다. 이런 부분들은 남김없이 지워 줍니다.

6 두 손가락으로 캔버스를 벌려 이미지를 확대한 후 접시 주변을 깔끔하게 지웁니다.

7 다 지우면 '메인 사진 레이어'를 켜고, 합성
사진 레이어를 선택합니다.

8 변형 > 균등을 터치한 후 접시 크기를 메인 사진의 접시보다 약간 줄입니다.

9 맨 아래 '메인 사진 레이어'를 선택한 후, 왼쪽 상단으로 옮깁니다.

10 위치를 옮긴 메인 사진은 캔버스 크기에 맞게 확대합니다.

11 '합성 사진 레이어'를 선택한 후, 오른쪽 하단으로 이동합니다.

12 조정 > 색조, 채도, 밝기를 터치하고, 색조는 +1%, 밝기는 −1%를 적용합니다. 흰 접시의 톤을 살짝 다운시켜 메인 사진과의 이질감을 줄입니다.

13 레이어를 추가한 후, 컬러피커에서 연노랑 계열의 색을 선택하여 컬러드롭합니다.

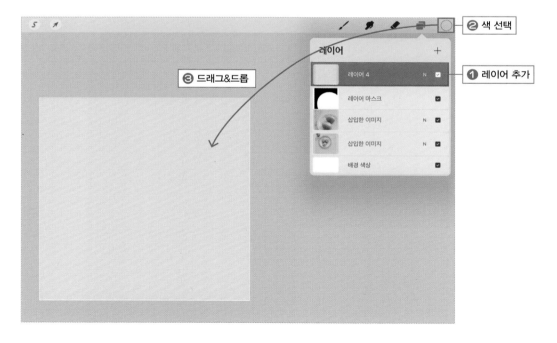

14 색을 적용한 레이어의 N을 터치한 후, 곱하기를 터치합니다. 곱하기는 블렌드 모드의 맨 위에 있습니다.

15 불투명도를 20%로 조정합니다. 따뜻한 색감은 차가운 색감보다 음식이 조금 더 맛있어 보이는 효과를 주며, 사진 전체에 같은 색감이 입혀지면 합성한 사진들의 이질감이 조금 더 줄어듭니다.

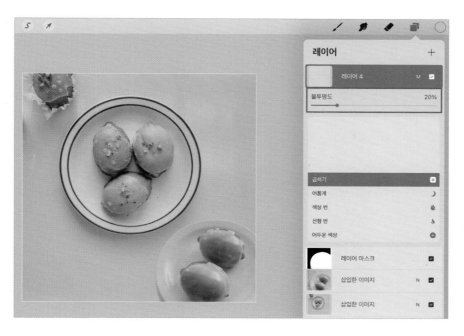

16 레이어를 추가한 후, 브러시 > 잉크 > 스튜디오 펜 브러시로 '맛있는 하루' 글씨를 씁니다.

- 귀여운 글씨로 쓰며, 각도 변화 없이 획을 살짝 둥글게 말아 주거나 끝만 살짝 올려서 써 봅니다.
- 받침 ㅅ, ㅆ은 초성과 중성 사이 공간에 획이 부딪히지 않도록 엇갈리게 씁니다.

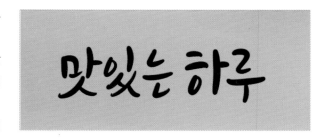

17 '글씨 레이어'를 터치한 후, 반전을 터치하여 검정 글씨를 하얀 글씨로 바꿉니다.

18 글씨의 불투명도를 80%로 조정하여 완성합니다.

04

레이어 혼합 모드 활용하기

① 레이어 혼합 모드를 사용하여 빛나는 글씨 효과 주기

🔧 설정

`캔버스` 3000×3000px
`브러시` 잉크 > 스튜디오 펜
`브러시 크기` 30%

* 브러시 크기는 원하는 대로 설정하여도 됩니다.

1 동작 > 추가 > 사진 삽입하기로 사진을 불러옵니다.

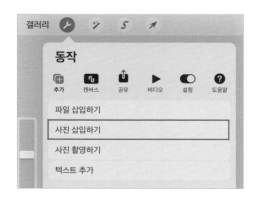

2 레이어를 추가한 후, '별처럼 빛나리' 글씨를 씁니다. 어두운 톤의 사진에 검정 글씨로 쓰니 잘 보이지가 않지요. 이 글씨는 조금 뒤에 블렌드 모드를 입혀 보겠습니다.

- 글씨는 감성 글씨로 쓸게요. 접시 위에 위치하도록 써 봅니다.
- ㄹ은 물결을 그리듯 쓰고, 받침 ㅁ도 이어 씁니다.
- '나리'의 자음과 모음도 이어서 써 봅니다. 자음에서 모음을 연결하는 획은 힘을 빼서 얇게 씁니다.
- 글씨 옆엔 작은 별도 그려 볼게요.

3 컬러피커에서 회색을 선택하고 글씨 레이어에 알파 채널 잠금을 적용합니다. 글씨 레이어의 '레이어 옵션'에서 '레이어 채우기'를 터치하여 글씨에 회색을 입힙니다.

4 글씨 레이어의 N을 터치한 후, 색상 닷지를 터치합니다.

5 터치 한 번으로 글씨가 반짝이며 빛나는 듯한 효과가 입혀졌습니다. 블렌드 모드가 적용된 글씨를 움직이면 아래 레이어의 색에 따라 글씨 색도 달라집니다.

② 사진에 글씨 사진 합성하기

⚙ 설정

캔버스	3000×3000px
브러시	잉크 > 스튜디오 펜 ———
브러시 크기	30%

＊브러시 크기는 원하는 대로 설정하여도 됩니다.

1 하늘 사진과 검정 배경의 '늘푸른' 글씨 사진을 열어 줍니다.

2 글씨 레이어의 블렌드 모드를 '밝게'로 변경합니다. 모드를 바꾸면 글씨가 흰색으로 바뀌면서 검정 배경
이 사라집니다.

3 '변형' 툴로 사진을 이동하며 위치를 잡아 봅니다.

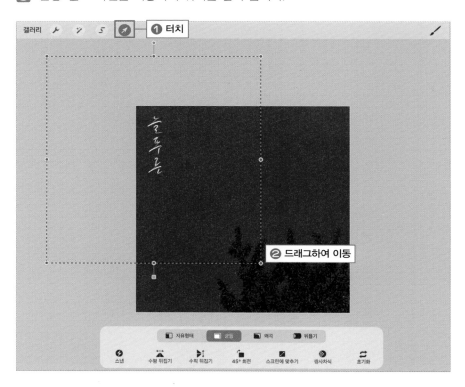

4 이번에는 흰색 배경의 '늘푸른' 글씨 사진을 불러옵니다. 검정 배경 글씨 사진이 있는 레이어는 보이지 않게 끕니다.

⑤ 블렌드 모드를 열어 '곱하기'로 변경합니다. 흰색 배경이 없어지고 글씨는 검정으로 바뀝니다. A4 용지와 같은 흰 종이나 화선지에 쓴 글씨 사진을 다른 사진과 합성하고 싶다면 프로크리에이트에서 블렌드 모드를 활용할 수 있습니다.

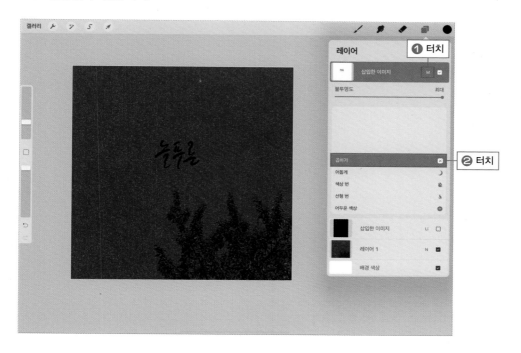

⑥ 블렌드 모드를 '밝게'로 변경하면 글씨는 투명한 상태가 되며, 아래 사진이 글씨에 겹쳐져 보입니다. 사진 배경을 글씨에 넣고 싶을 때 활용할 수 있습니다.

📱 프로크리에이트 TIP

글씨 안에 사진을 넣는 건 클리핑 마스크로도 가능합니다. 글씨를 쓴 후, 사진을 불러와서 클리핑 마스크를 적용하면 글씨에 사진이 입혀집니다.

7 글씨를 더 예쁘게 만들기 위해 블렌드 모드를 다양하게 적용해 봅니다.

04

애니메이션 효과를 활용한 캘리그라피

애니메이션 어시스트 살펴보기

'애니메이션 어시스트'는 정지된 글씨나 그림에 움직이는 효과를 주는 기능입니다. 이 기능으로 움직이는 글씨를 GIF로 만들거나, 움직이는 이모티콘을 만들 수 있습니다. 간단한 애니메이션을 만들어 보며 애니메이션 어시스트의 설정을 살펴봅시다.

🔧 설정

`캔버스` 3000×3000px
`브러시` 잉크 > 스튜디오 펜 ━━━
`브러시 크기` 30%

* 브러시 크기는 원하는 대로 설정하여도 됩니다.

1 3개의 레이어에 '사랑해' 글자를 하나씩 씁니다.

2️⃣ 레이어를 추가하여 하트를 그립니다.

3️⃣ 하트 레이어를 복사하여 글씨 주변에 적절한 곳에 위치를 잡습니다.

 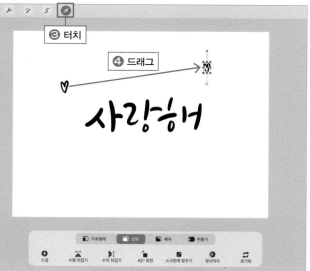

4 같은 방법으로 하트를 두 개 더 만듭니다.

5 동작 > 캔버스 > 애니메이션 어시스트를 활성화하면 하단에 메뉴 바가 보입니다. 재생을 터치하여 글씨와 하트가 움직이는 것을 확인합니다. 설정에서 초당 프레임을 올려 빠르게 움직여 보고, 프레임 유지 지속 시간도 늘려 봅니다. 여러 설정을 바꿔 가며 진행해 봅니다.

📢 애니메이션 어시스트 메뉴

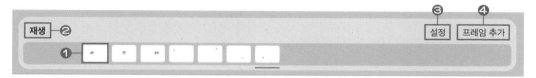

❶ 프레임 : 영상에서 정지된 이미지로, 사각 박스가 프레임 1개입니다. 프레임은 레이어와 같이 움직이는데, 가장 왼쪽의 프레임이 맨 아래 레이어에 해당합니다. 레이어를 그룹으로 묶으면 그룹이 프레임 1개로 진행됩니다. 레이어를 터치하면 해당 프레임이 선택되며, 레이어 추가/삭제 시 해당 프레임도 추가/삭제됩니다.

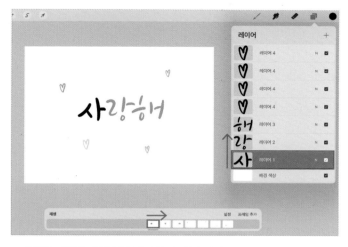

프레임을 터치하면 옵션을 변경할 수 있습니다.

- **유지 지속시간** : 프레임이 지속되는 시간을 조정합니다. 숫자만큼 프레임이 추가되며, 최대 120개까지 추가할 수 있습니다. 프레임이 추가되는 만큼 지속되는 시간은 길어집니다.
- **복제/삭제** : 프레임을 복제 및 삭제합니다.
- **배경/전경** : 배경은 첫 번째 프레임(맨 아래 레이어), 전경은 마지막 프레임(맨 위 레이어)에만 적용할 수 있으며, 배경/전경을 활성화하면 프레임이 고정되어 전체 프레임에 배경처럼 보입니다. 배경/전경이 활성화되면 프레임 옵션의 다른 항목은 설정이 불가하며, 해당 레이어는 다른 레이어로 이동이 되지 않습니다.

❷ 재생 : 프레임을 재생합니다. 왼쪽에서 오른쪽으로 움직이며, 애니메이션을 미리 볼 수 있습니다.

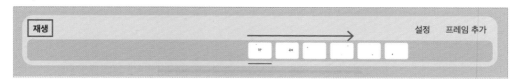

❸ 설정 : 애니메이션 어시스트의 여러 설정을 할 수 있는 곳입니다.

- **루프** : 프레임을 반복 재생합니다.
- **핑퐁** : 왼쪽에서 오른쪽으로 재생한 후, 다시 오른쪽에서 왼쪽으로 재생합니다.
- **원 샷** : 반복 없이 한 번만 재생합니다.
- **초당 프레임** : 1초당 프레임이 바뀌는 속도입니다. 숫자가 클수록 빠르게 움직입니다.
- **어니언 스킨 프레임** : 프레임을 선택하면 주변 프레임은 연하게 표시가 되어 애니메이션을 만들 때 구분이 쉽습니다. 이때 연하게 표시되는 주변 프레임을 '어니언 스킨 프레임'이라고 합니다. '어니언 스킨 프레임'의 최댓값은 12개이며, '없음'으로 하면 선택한 프레임 외의 다른 프레임은 보이지 않습니다.
- **어니언 스킨 불투명도** : '어니언 스킨 프레임'의 불투명도를 조정합니다.
- **주 프레임 혼합** : 선택한 프레임의 색을 바꿉니다. 보조 프레임 채색이 활성화되어야 같이 적용됩니다.
- **어니언 스킨 색상** : 선택한 프레임 주변 프레임의 색을 바꿉니다.

❹ 프레임 추가 : 프레임을 추가합니다.

별이 반짝이는 밤하늘에 글씨 쓰기

🔧 설정

캔버스 스크린 크기 (2732×2048px)

브러시 빛 > 라이트 펜

브러시 크기 15%

* 브러시 크기는 원하는 대로 설정하여도 됩니다.

1 캔버스에 검정색을 입힙니다.

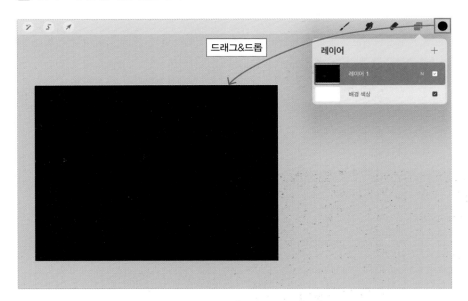

2 컬러피커에서 남색을 선택합니다. 밤하늘
을 만들 예정으로, 밤하늘의 색과 비슷한 색으
로 선택합니다.

3 선택 > 색상 채우기를 선택합니다.

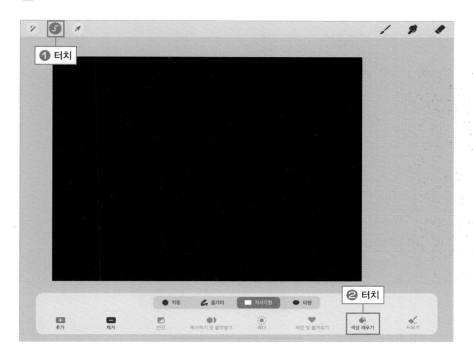

4 작사각형을 터치한 후, 캔버스의 절반 아래를 선택하여 남색으로 색을 채웁니다.

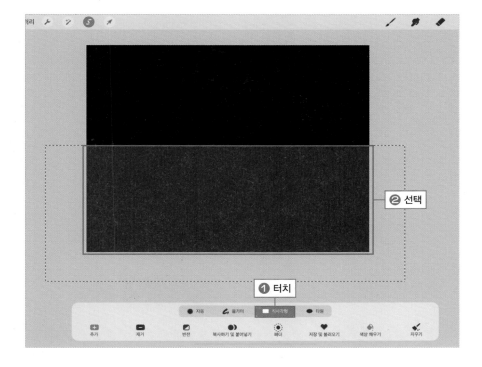

⑤ 조정 > 가우시안 흐림 효과를 터치한 후, 흐림 효과를 적용하여 그라데이션을 만듭니다.

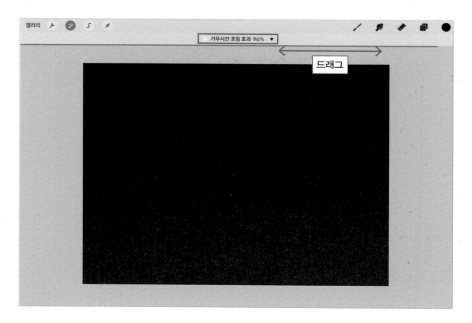

⑥ 브러시 > 빛 > 라이트 펜을 선택합니다. 라이트 펜 브러시는 주변이 빛에 번진 듯한 느낌을 줍니다. 이 브러시가 속한 빛 브러시 폴더의 브러시들은 모두 빛을 표현하기에 좋습니다.

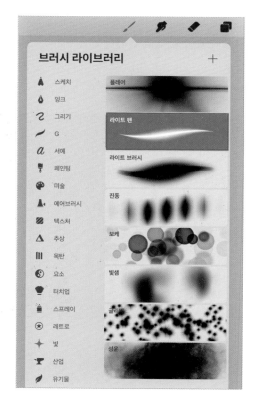

7 레이어를 추가한 후, 밝은색으로 검정색 레이어의 윗부분에 작은 원을 그리고 점을 찍어 주며 별을 만듭니다. 크기나 굵기를 다양하게 만들어 봅니다.

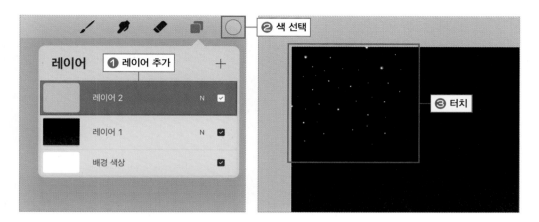

8 별을 어느 정도 그렸다면 레이어를 복사하여 윗면을 모두 작은 별들로 채워 봅니다.

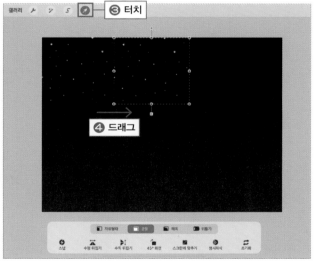

9 별의 위치가 모두 정해졌다면 별을 그린 레이어를 모두 병합합니다. 별을 그린 레이어는 '작은 별 레이어', 밤하늘을 만든 레이어는 '밤하늘 레이어'라고 부르겠습니다.

10 '작은 별 레이어'를 5번 복사하여 총 6개의 레이어를 만듭니다.

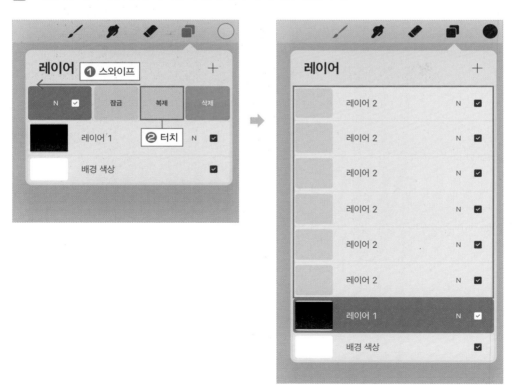

11 선택 > 올가미를 터치하여 맨 위 레이어를 제외한 나머지 별 레이어에서 별의 일부를 잘라냅니다. 잘라낼 때는 다른 레이어들을 꺼야 잘라낸 장면이 보입니다. 별의 위치를 다르게 하면 좀 더 자연스러운 별의 반짝임을 표현할 수 있습니다.

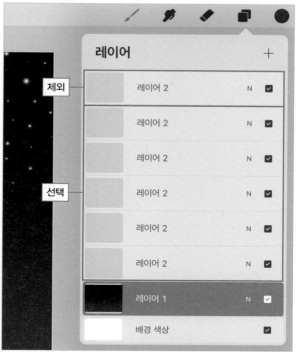

12 레이어마다 불투명도를 다르게 적용합니다. 저는 이미지와 같이 설정하였습니다. 불투명도 조정은 별의 밝기를 달리 표현하기 위한 것으로 저와 똑같이 설정하지 않아도 됩니다.

13 '배경 레이어' 위에 글씨를 쓸 레이어를 추가합니다. 글씨는 연한 노란 빛으로 쓸게요.

14 '별 헤는 밤'을 배경 레이어의 남색 부분에 씁니다.

- 감성 글씨로 얇게 쓸게요. 라이트 펜 브러시는 필압에 따라 빛 번짐이 커지고 밝게 표현됩니다.
- '별'과 '밤'은 조금 크게 쓰고, '밤'의 끝 획은 길게 빼 봅니다.
- 글씨는 가운데에 오도록 맞춥니다. 스냅을 사용하여도 좋습니다.

15 '배경 레이어'와 '글씨 레이어'를 그룹으로 묶습니다. (이미지 속 레이어 이름(레이어 1, 레이어 2 등)은 여러분이 진행하는 것과 동일하지 않을 수도 있습니다. 레이어명과 무관하게 진행합니다.)

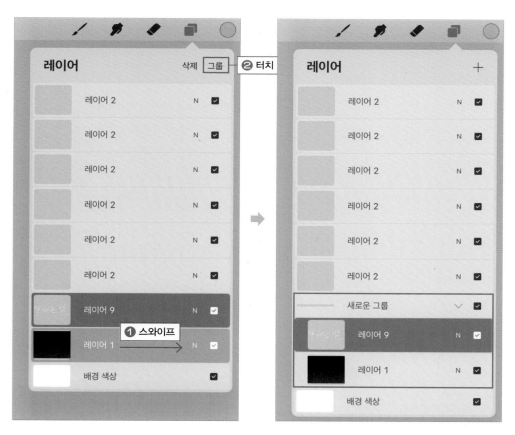

16 동작 > 캔버스 > 애니메이션 어시스트를 활성화합니다.

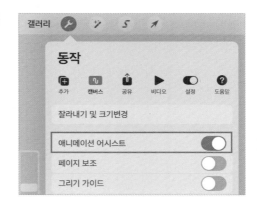

17 첫 번째 프레임을 터치하여 '배경'을 활성화합니다.

18 마지막 프레임을 터치하여 '전경'을 활성화합니다.

19 첫 번째와 마지막 프레임을 제외한 모든 프레임의 유지 지속시간을 5로 맞춥니다.

20 초당 프레임을 15로 설정한 후 재생합니다. 별빛이 반짝이는 빠르기를 보고 초당 프레임의 수치를 바꿔도 됩니다.

21 동작 > 공유 > 움직이는 GIF를 선택한 후 내보내기를 터치하여 저장합니다. 움직이는 이미지가 갤러리에 저장됩니다.

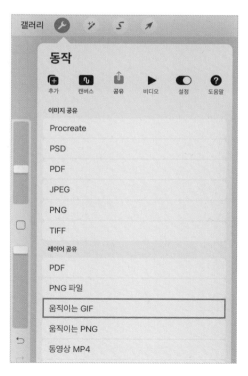

깜박이는 네온사인 만들기

설정

캔버스 3000×3000px

브러시 잉크 > 스튜디오 펜

　　　　 빛 > 라이트 펜

　　　　 에어브러시 > 소프트 브러시

* 사진을 미리 다운로드 받아 주세요.

1 동작 > 추가 > 사진 삽입하기를 터치하여
벽돌 사진을 불러옵니다.

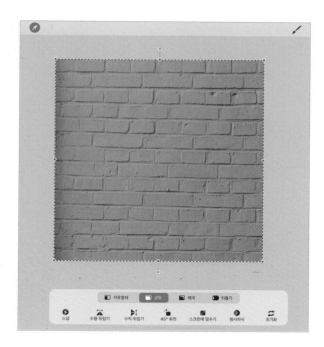

2 레이어를 추가하여 검정색을 입힙니다.

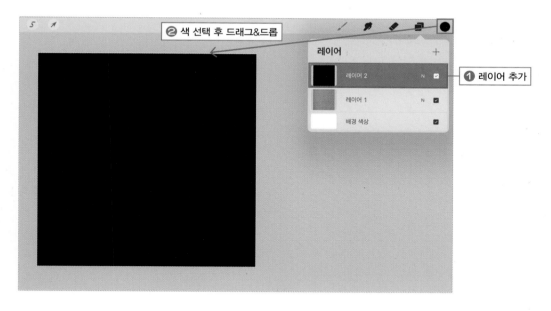

③ 브러시 > 에어브러시 > 소프트 브러시를 선택한 후, 가운데를 흰색으로 채색합니다. 브러시 크기를 크게 하고, 힘을 빼서 옅게 채색합니다.

④ 레이어의 N을 터치한 후 곱하기를 선택하면 흰색 부분이 투명해지며 아래 벽돌 사진이 보입니다.

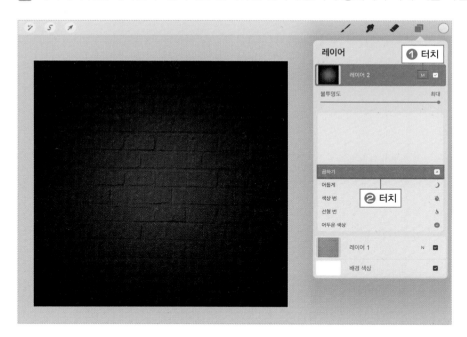

5 두 레이어를 그룹으로 만듭니다.

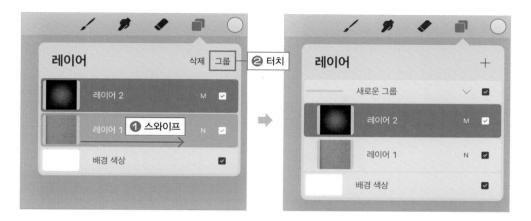

6 브러시 > 잉크 > 스튜디오 펜을 선택한 후 레이어를 추가하여 '예쁜 밤' 글씨를 씁니다.

- 색상은 이미지처럼 분홍색으로 하지 않아도 되는데 네온이므로 형광빛이 도는 색을 선택하면 좋습니다.
- 글씨는 조금 굵게 쓸게요.
- 다른 변형 없이 사선 쓰기를 하여 단정한 느낌이 들도록 합니다.

7 글씨 레이어의 불투명도를 50%로 낮추고, 레이어를 추가합니다.

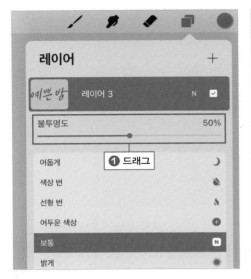

8 브러시 > 빛 > 라이트 펜을 선택한 후, 브러시 크기를 10%에 맞춥니다. 두 손가락으로 캔버스를 확대한 후, 글씨의 라인을 따라 선을 그리면 네온 글씨가 됩니다. 선을 그린 후 펜을 떼지 않고 있으면 반듯한 직선으로 바뀝니다. 모든 선은 직선으로 반듯하게 그립니다. ㅇ도 동일하게 그리고, 선의 굵기는 동일하게 합니다.

9 처음 썼던 글씨 레이어를 안 보이게 끕니다.

10 지우개(소프트 브러시)로 네온 글씨의 세로 획들을 살짝 지웁니다. 획이 만나는 부분도 조금씩 지울게요. 네온사인이 깜박이는 효과를 만드는 것으로 다른 획을 지워도 좋습니다. 너무 살짝 지우면 지운 티가 거의 나지 않아 깜박이는 효과가 덜합니다.

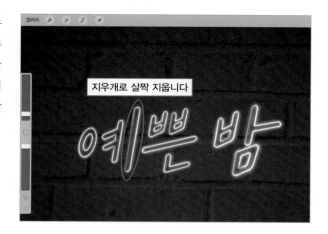

11 네온 글씨 레이어를 복사합니다. 동일한 레이어 2개 중 하위 레이어를 터치한 후, 오른쪽 아래 대각선 방향으로 옮깁니다.

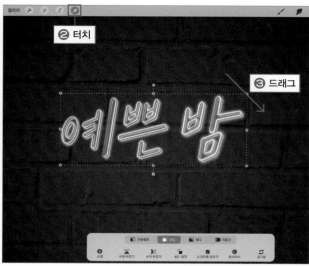

12 레이어의 N을 터치한 후, 오버레이를 선택합니다.

13 처음 썼던 글씨 레이어를 켠 후, 가우시안 흐림 효과를 8% 적용합니다.

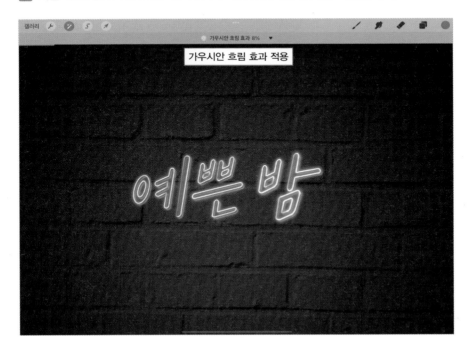

14 브러시 > 에어브러시 > 소프트 브러시를
선택합니다.

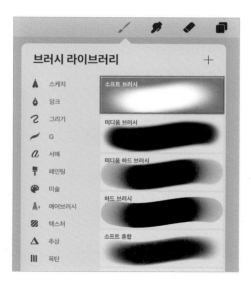

15 그룹 레이어 위에 레이어를 추가한 후, 빛이 번진 듯하게 글자 주변을 브러시로 채색합니다. 브러시 크
기는 5% 이하로 설정하세요.

16 빛 번짐 밝기는 불투명도로 조정합니다. (이미지 속 레이어 이름(레이어 1, 레이어 2 등)은 여러분이 진행하는 것과 동일하지 않을 수도 있습니다. 레이어명과 무관하게 진행하면 됩니다.)

17 지우개(소프트 브러시)로 네온 글씨에서 지웠던 부분을 동일하게 지워 줍니다. 그 위 레이어도 동일하게 지워 줍니다.

18 맨 위에 새로운 레이어를 추가합니다. 브러시 > 빛 브러시 > 라이트 펜 브러시로 글씨 옆에 노란색 작은 달을 그립니다.

19 달 아래에 레이어를 추가한 후, 에어브러시로 빛 번짐을 만듭니다.

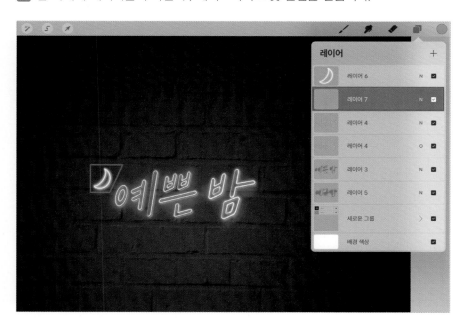

20 레이어를 모두 그룹으로 만듭니다.

21 글씨 레이어 중 가장 위에 있는 레이어를 복사한 후, 그룹 바깥으로 뺍니다. 복사한 레이어는 그룹과 그룹 사이에 위치해야 합니다.

22 복사한 글씨 레이어를 6개 복사하고 글씨
의 불투명도를 이미지대로 조정합니다.

23 동작 > 캔버스 > 애니메이션 어시스트를
활성화합니다.

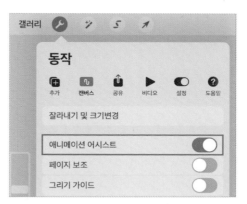

24 첫 번째와 마지막 프레임의 배경, 전경을 활성화합니다.

25 왼쪽에서 7번째 프레임(위에서 3번째 레이어)를 터치하여 유지 지속시간으로 3으로 맞춥니다.

26 설정에서 초당 프레임을 8로 맞춥니다. 설정을 완료했다면 재생을 터치하여 글씨의 움직임을 확인합니다.

27 캔버스를 작게 축소하여 멀리서 보며 어색한 부분이 없는지 확인합니다. 저는 벽의 그림자를 좀 더 자연스럽게 만들고, 레이어를 추가하여 빛 번짐을 넓게 만들었습니다. 수정은 언제든지 가능하지만 불가한 경우도 있으니 중간중간 점검하면서 진행하는 것이 좋습니다.

28 동작 > 공유 > 움직이는 GIF로 이미지를 저장합니다.

04

실전 캘리그라피

캘리그라피를 활용하면 지인에게 내 손글씨가 들어
간 엽서를 선물할 수도 있고, 제품으로 만들어 수익
을 낼 수도 있습니다. 이번 파트에선 다양한 굿즈들
을 만들어 보고 판매하는 방법도 알아볼게요.

*책에서 진행하는 글씨 및 배경은 완성된 이미지 파일로 제
공됩니다. 이미지는 다운로드 받은 후, 불투명도를 낮춰 그
위에 글씨를 따라 쓰는 체본으로 활용 또는 효과를 적용할
때 참고할 수 있습니다.

CHAPTER

01

엽서와 포스터 만들기

01

빈티지 엽서 만들기

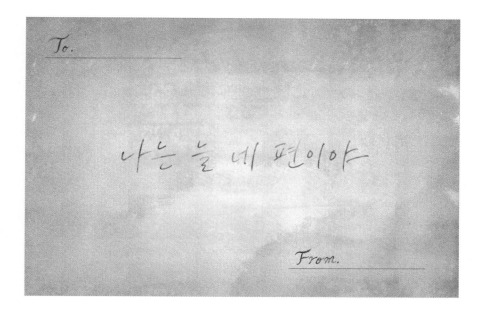

 설정

`캔버스` 4×6 사진
`브러시` 미술 > 와일드 라이트
 페인팅 > 니코 룰
 잉크 > 스튜디오 펜
 G직선
`팔레트` 빈티지_엽서.swatches

1 브러시 > 미술 > 와일드 라이트를 선택한 후, '빈티지 엽서 팔레트'에서 라이트브라운(■)을 선택해 캔버스에 채색합니다. 힘을 빼면 진하게 채색이 되고, 힘을 주면 물을 섞은 듯 채색한 부분이 연해집니다. 처음엔 힘을 빼서 진하게 칠한 후, 가운데 부분은 힘을 줘서 연하게 칠해 주세요.

2 전체 채색이 됐다면 부분적으로 덧칠을 합니다. 원하는 부분에 진하게 칠한 뒤 힘을 주어 연하게 채색해 주세요. 덧칠을 하면 물에 젖은 듯한 효과를 나타낼 수 있습니다.

③ 조정 > 노이즈 효과를 터치하여, 노이즈를 20% 줍니다.

④ 레이어를 추가한 후, 브러시는 페인팅 > 니코 룰을 선택, 색상은 '빈티지 엽서 팔레트'에서 다크브라운
(■)을 선택합니다. 브러시로 전체 채색을 합니다. 옅게 색을 채우고 가장자리는 조금 더 진하게 칠합니다.
브러시 크기를 조절하며 칠해 주세요.

5 칠했던 부분을 지우개(니코 룰)로 조금씩 지워 줍니다. 낡은 느낌이 나는 정도를 보면서 지워 볼게요.

6 불투명도를 조절하여 낡은 효과를 완성합니다. 저는 60%로 조정했는데요. 이는 정해진 수치가 아니니 내가 원하는 대로 조정해 보세요.

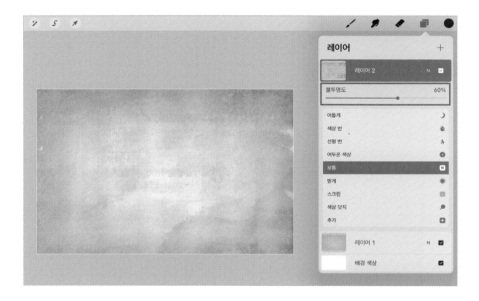

7 레이어를 추가한 후. 브러시는 G직선 브러시. 색상은 '빈티지 엽서 팔레트'에서 빈티지브라운(■)을 선택합니다.

⑧ 그리드를 활성화한 후, 왼쪽 상단에 얇은
선을 그어 줍니다.

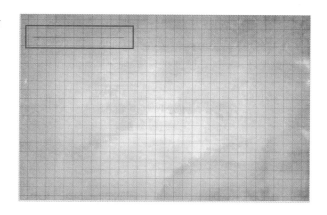

⑨ 선을 그은 레이어를 복사합니다.

10 그리드를 끄고, 복사한 선을 오른쪽 하단으로 이동합니다. 이 선 위에 to / from을 쓸 예정입니다. 완성 후의 모습을 상상하며 선의 위치를 조정합니다.

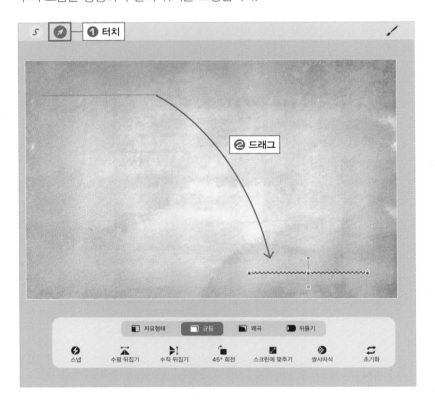

11 레이어를 추가한 후, '빈티지 엽서 팔레트'에서 다크브라운(■)을 선택, To와 From을 씁니다. 옛날 엽서에 들어가는 것처럼 필기체로 약간 기울여 써 볼게요.

⓬ 레이어를 추가한 후, 잉크 > 스튜디오 펜 브러시로 '나는 늘 네 편이야'를 씁니다. 색은 검정색, 브러시 크기는 5% 이하로 하여 얇은 펜으로 쓴 느낌이 나게 합니다. 엽서에 쓰는 손글씨이기 때문에 많은 변형 없이 사선으로 쓰고, 자간은 많이 붙이지 않습니다.

⓭ 영문과 한글을 쓴 두 개의 레이어를 합칩니다.

14 합친 글씨 레이어에 마스크를 적용합니다.

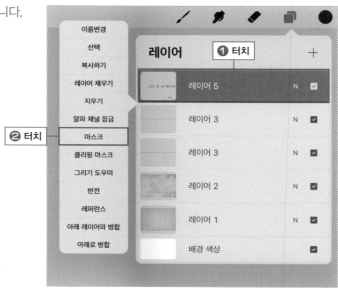

15 페인팅 > 니코 룰 브러시를 선택한 후, 검정색으로 글씨 위에 칠을 하면 글씨가 지워집니다. 필압을 약하게 하여 오래된 글씨처럼 연하게 만들어 줍니다. 힘을 세게 주면 글씨가 완전히 지워집니다. 흰색으로 칠하면 복구가 가능하니 자유롭게 칠해 주세요. 브러시의 필압에 따라 더 낡은 느낌을 낼 수도 있고, 우표를 그려도 좋습니다. 원하는 스타일로 엽서를 꾸며 보세요.

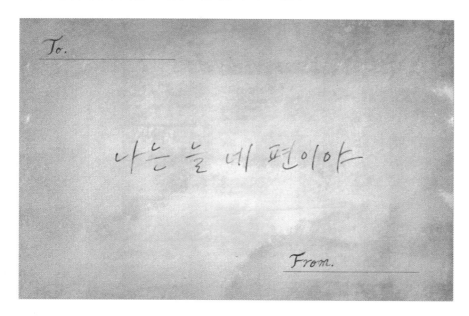

레트로 표어 만들기

 설정

캔버스	200×500mm
브러시	잉크 > 스튜디오 펜
	스프레이 > 중간 노즐
팔레트	레트로_표어.swatches

1 갤러리 > 새로운 캔버스에서 폴더 모양을 터치한 후, 새 캔버스를 만듭니다. 크기는 200 x500mm, DPI는 300으로 설정하고, 색상 프로필은 CMYK로 선택합니다. 인쇄를 하지 않는다면 RGB로 선택하면 되지만 추후 인쇄 계획이 있다면 CMYK로 설정하는 것이 좋습니다.

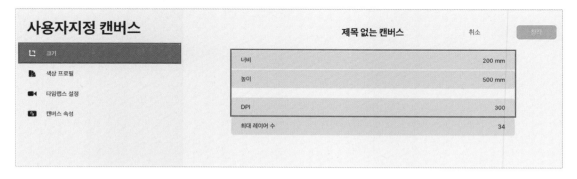

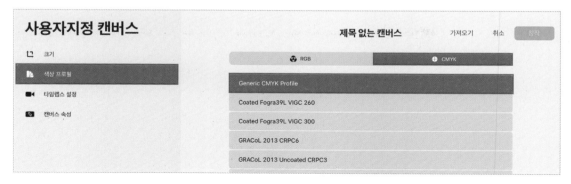

2 '레트로 표어 팔레트'에서 블루그린(■)을 선택한 후, 캔버스에 컬러드롭합니다.

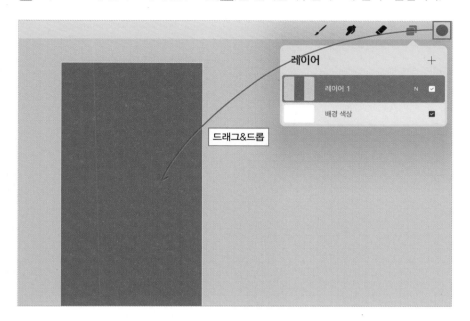

드래그&드롭

3 레이어를 추가한 후, '레트로 표어 팔레트'에서 그레이옐로우(■)를 선택합니다.

❷ 색 선택

❶ 레이어 추가

4 선택 > 직사각형 > 색상 채우기를 선택한 후, 캔버스보다 조금 작게 직사각형을 그립니다. 좌우상하 크기는 동일하지 않아도 됩니다. 비율이 똑같지 않은 것이 더 레트로 느낌을 살립니다.

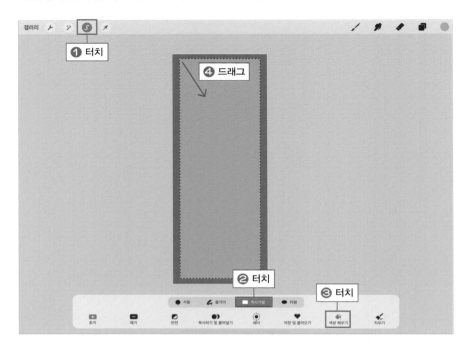

5 방금 그린 직사각형 레이어를 복사합니다.

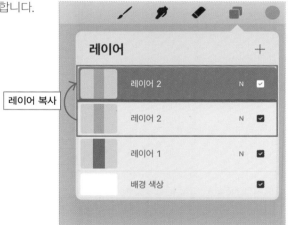

6 '레트로 표어 팔레트'에서 블루그린(■)을 선택한 후, 복사한 레이어에 알파 채널 잠금을 하여 색을 채웁니다.

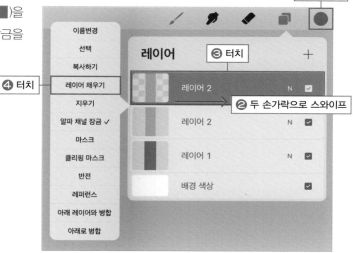

7 복사한 녹색 레이어의 크기를 이전 직사각형 크기보다 약간 줄여 주세요. 자유형태로 줄이기 때문에 비율은 동일하지 않아도 됩니다.

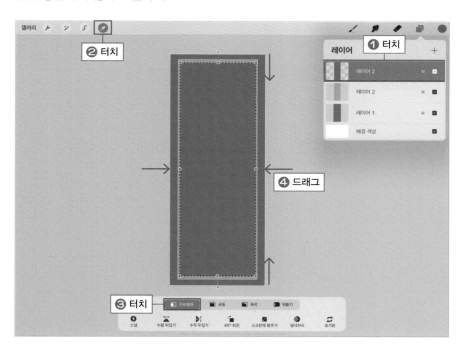

8 위의 녹색 레이어와 그레이 레이어를 합쳐
줍니다.

9 레이어를 추가한 후, '레트로 표어 팔레트'에서 그레이옐로우(⬛)를 선택, 잉크 > 스튜디오 펜 브러시로
'오늘의 먹을 것을 내일로 미루자'를 씁니다. 가운데에 그림을 넣기 위해 글귀는 위아래에 나눠 쓸게요.
• 글씨는 표어의 느낌을 살리기 위해 직선으로 사선 쓰기를 합니다.
• 다이어트의 의지를 조금 더 잘 표현하기 위해 ㄹ도 직선의 지그재그로 씁니다.
• 마지막 '자'의 가로획은 길게 빼 볼게요. '의'와 '로'는 작게 또는 얇게 씁니다.

10 글씨 레이어를 복사합니다.

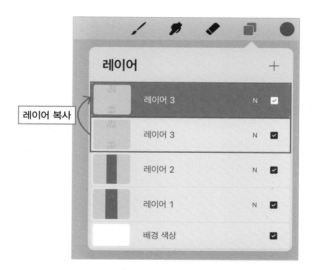

11 복사한 레이어를 알파 채널 잠금한 후, '레트로 표어 팔레트'의 오렌지(■)로 채워 줍니다.

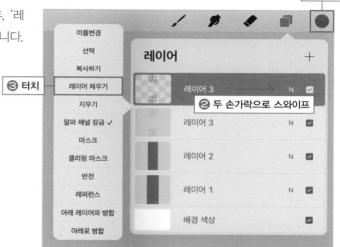

12 변형 > 균등을 터치한 후, 오렌지색 글씨를 왼쪽 상단으로 이동합니다. 오렌지색 글씨를 이동하면 그 아래에 있던 그레이 글씨는 그림자가 됩니다.

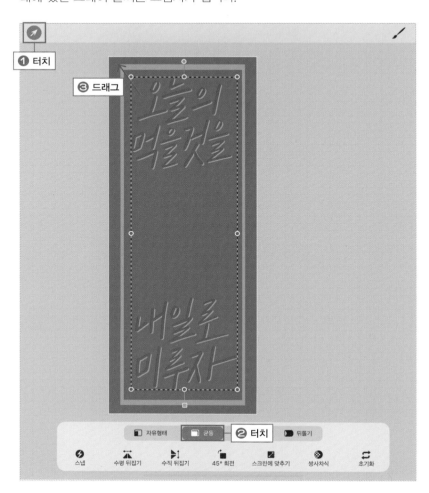

13 '그림자 레이어'를 선택한 후, 불투명도를 90%로 조정합니다.

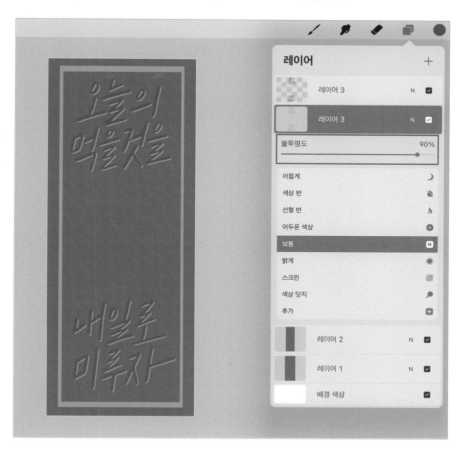

14 레이어를 추가한 후, 검정색을 선택합니다. 잉크 > 스튜디오 펜 브러시로 음식을 그립니다. 드로잉 라인은 레트로 느낌을 살리기 위해 굵게 할게요.

15 레이어를 추가한 후 '레트로 표어 팔레트'에서 레드(■)를 선택합니다. 아이스크림 위에 X를 긋습니다.

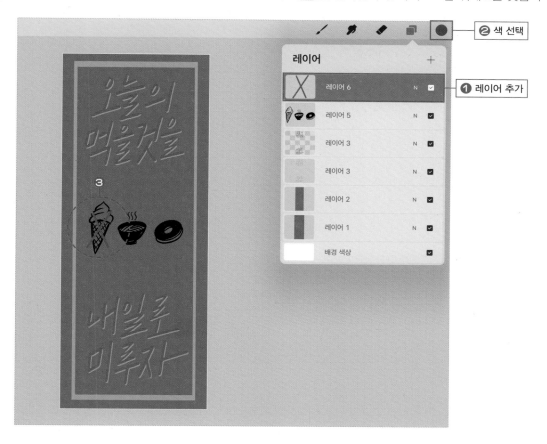

❷ 색 선택

❶ 레이어 추가

16 레이어를 복사합니다. 복사한 레이어를 라면 위로 이동합니다.

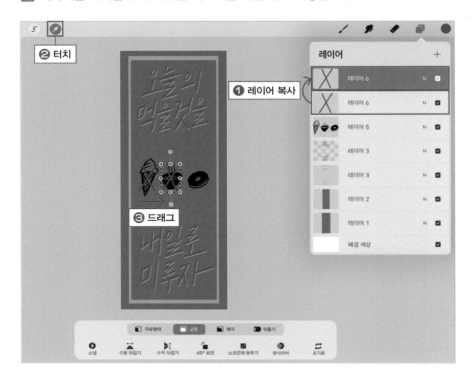

17 도너츠 위에도 동일하게 X를 얹혀 줍니다.

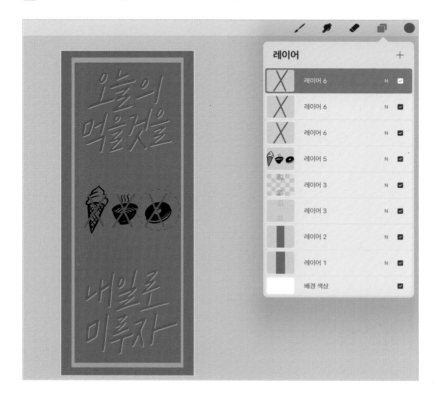

18 'X 레이어'를 모두 합쳐 줍니다.

19 '글씨 레이어'와 '그림자 레이어'를 선택하여 글씨 위치를 그림과 어울리게 조정합니다.

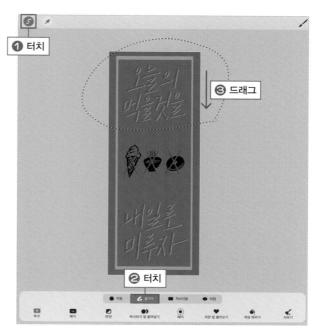

20 레이어를 추가한 후, 검정색을 선택, 스프레이 > 중간 노즐 브러시를 선택합니다.

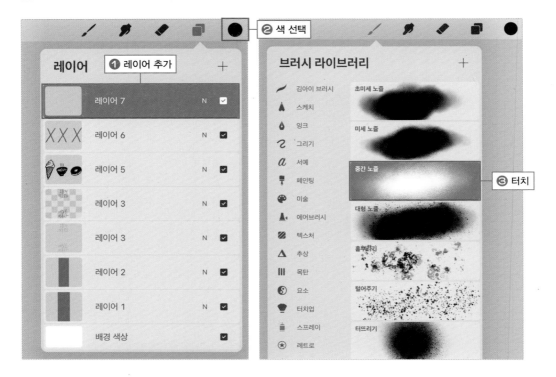

21 가장자리를 중심으로 채색합니다. 전체를 메우는 게 아닌 힘을 빼서 옅게 칠합니다. 오래된 느낌이 나도록 표현해 주세요. 브러시 크기는 조금 크게 하여 사용하면 좋습니다.

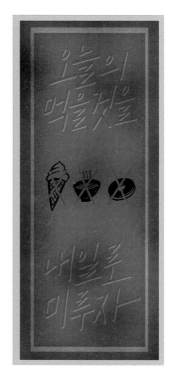

22 노이즈를 입힌 레이어의 불투명도를 조금 낮춥니다. 저는 70%로 낮췄어요. 노이즈가 너무 진하면 전체적으로 많이 어두워 보이니 불투명도로 톤을 알맞게 조정합니다.

23 노이즈를 입힌 레이어 아래에 레이어를 추가합니다.

24 조정 > 노이즈 효과를 선택하여 노이즈 효과를 25% 적용합니다.

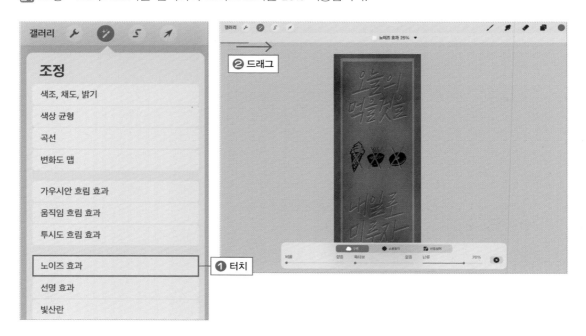

25 레트로 표어를 만들어 보았습니다. 가훈 등
쓰고 싶은 문구를 써서 인쇄하여 사용하여도
좋습니다. 레트로라 기존과는 색다른 분위기를
낼 수 있을 겁니다.

SECTION

03

폴라로이드 사진 만들기

오랜만의 산책길

🖋 설정

캔버스 4×6 사진

브러시 G직선 ━━━

브러시 크기 10% 이하

* 브러시 크기는 원하는 대로 설정하여도 됩니다.

1 캔버스를 세로로 회전한 후, 사진을 삽입합니다.

2 변형 > 균등을 터치하여 폴라로이드 사진과 같은 모양으로 확대해 주세요. 변형 > 스냅을 활성화하면 사진을 가운데에 맞출 수 있습니다.

3 레이어를 추가한 후. 캔버스 하단에 '오랜
만의 산책길'을 씁니다.

- 감성 글씨로 쓰며, 사선 쓰기를 해 줄게요.
- '의'는 조금 작게 쓰고, '산책길'은 조금 크게
  씁니다.

🖊 **캘리그라피 TIP**

글자의 받침을 쓰기 어렵다면 지금까지 나온 글씨들의 받
침 위치를 잘 보세요. 받침이 있는 글자는 초성과 중성을
쓸 때 받침이 들어갈 자리를 생각하여 획을 짧게 쓰거나
간격을 넓혀 씁니다. 받침은 그 획들 사이에 쓰며, 획이 부
딪히지 않게 씁니다.

획이 붙어 있다고 모두 부딪힌 건 아닙니다. 부딪힌 획들
은 글자의 균형을 깨뜨려 글자가 어색하고 가독성이 떨어
지는 경우를 말합니다. '길'에서는 ㅣ와 ㄹ의 첫 획이 붙어
있지만 부딪힌 획이라고 말하지 않습니다.

같은 글귀를 귀여운 글씨로도 써 볼게요.

01

휴대폰 배경화면 만들기

 설정

| 브러시 | G직선 ———— |
| 브러시 크기 | 10% 이하 |

* 브러시 크기는 원하는 대로 설정하여도 됩니다.

1 휴대폰 배경으로 사용할 사진을 선택 후, 캡처합니다. 휴대폰마다 배경화면 크기가 조금씩 다르기 때문에, 사진을 휴대폰 화면에 꽉 채운 후 캡처하여 프로크리에이트에서 열면 내 휴대폰의 배경화면 크기대로 만들 수 있습니다. 사진은 글씨가 들어갈 공간이 있는 사진으로 선택해 주세요. 배경화면이기 때문에 중앙과 하단에 공간이 있는 사진이 좋습니다. (예제 자료는 아이폰12 크기입니다.)

2 프로크리에이트 갤러리의 오른쪽 상단 '사진'을 터치하여 캡처한 사진을 불러옵니다.

선택　　가져오기　 사진 　＋

3 레이어를 추가한 후, 흰색으로 '잘하고 있어' 글씨를 씁니다. 다른 사진이라면 사진의 색과 어울리는 색으로 써 주세요.

• 감성 글씨로 쓰며, 사선은 약간만 주어 써 볼 게요.

• 글씨의 위치는 가운데 또는 가운데에서 약간 아래에 씁니다. 위쪽은 휴대폰의 시계와 날짜가 있어 위에 쓰면 글씨와 시계가 겹칩니다.

• '있'의 쌍자음은 ㅅ의 반복이므로 획의 길이를 다르게 하여 써 볼게요. 제가 쓴 대로 쓰지 않아도 됩니다. 앞에 있는 ㅅ의 길이를 길게 써도 되기 때문에 여러 모양으로 써 보는 연습을 해 보면 좋아요. 다른 자음도 마찬가지입니다. 변형을 응용하여 연습하면 나만의 글씨를 만들 수 있습니다.

4 글씨의 크기를 조금 줄입니다. 글씨가 크면 휴대폰 화면에 꽉 차 보이니 조금 작게 조절하는 것이 좋아요. 작게 줄여도 휴대폰 배경화면을 설정하면 크기가 많이 달라지지 않으니 참고해 주세요.

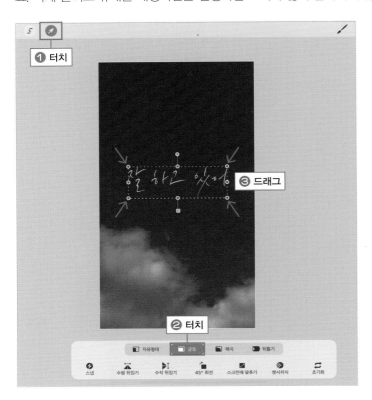

5 배경을 저장하여 휴대폰 배경화면으로 설정합니다. 아이폰이라면 AirDrop으로 전송이 가능하고, 안드로이드폰이라면 카카오톡 > 설정 > 채팅 > 사진 화질 > 원본으로 설정한 후 전송하면 됩니다.

사진에 글씨를 쓰면 다른 그림을 넣지 않아도 되지만, 글씨 주변에 하트나 별과 같이 쉽게 그릴 수 있는 그림을 그려 꾸밀 수 있습니다. 저는 브러시로 간단하게 글씨에 꾸밈을 줄게요.

1 글씨 레이어 아래에 레이어를 추가합니다.

2 구름의 색을 스포이드로 추출합니다. 다른 사진이라면 사진 주변의 어울리는 색을 추출해 보세요.

3 브러시 > 페인팅 > 살라망카 브러시를 터치한 후. 글씨에 두껍게 칠해 봅니다.

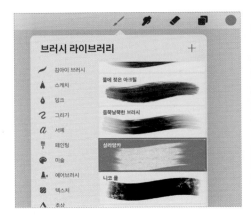

02

아이패드 배경화면 만들기

 설정

`브러시` G직선

`브러시 크기` 10% 이하

＊브러시 크기는 원하는 대로 설정하여도 됩니다.

1 아이패드 배경으로 사용할 사진을 선택 후, 캡처합니다. 휴대폰 배경화면 사진을 선택할 때와 마찬가지로 글씨가 들어갈 공간을 생각하여 사진을 선택합니다. (예제 자료는 아이패드 12.9 크기입니다.)

2 프로크리에이트 갤러리의 오른쪽 상단 '사진'을 터치하여 캡처한 사진을 불러옵니다.

선택	가져오기	사진	+

3 레이어를 추가한 후, 그리드를 켜서 검정색으로 원고지를 그려 줍니다.

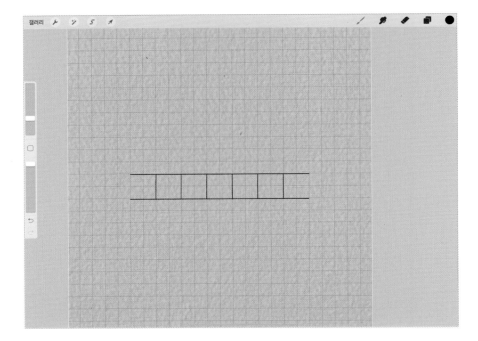

4 원고지를 캔버스 중앙 또는 약간 아래로 이동합니다.

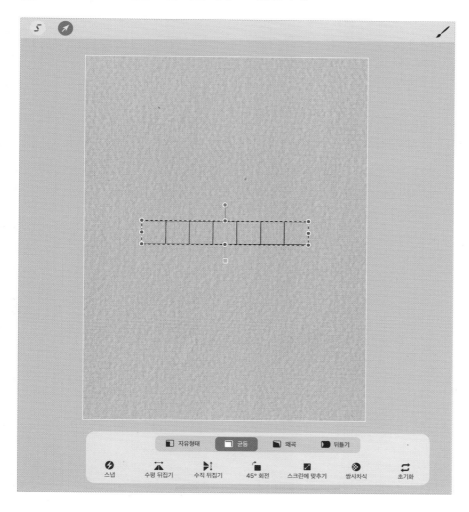

5 레이어를 추가한 후, 원하는 색을 선택합
니다.

6 '달이 아름답네요' 글귀를 씁니다.

- 글귀는 감성 글씨로 쓰고, '달'을 조금 크고 굵게 쓸게요.
- 이어쓰기도 많이 해 봅니다. 이미지에 표시된 부분은 모두 이어 쓴 획들입니다. 이어쓰기는 자연스러운 것이 중요하므로, 획을 이어 쓸 땐 중간에 멈추지 않고 속도를 조금 빨리하여 씁니다.
- '요'의 마지막 획도 길게 쓰는데 획을 날리듯 속도를 빠르게 하여 씁니다. 속도가 너무 빨라서 이어 쓴 획이 안 읽힌다면 다시 써야 합니다. 이어쓰기는 자칫 가독성을 떨어뜨릴 수 있기 때문에, 이어쓰기를 한 후엔 글씨가 잘 읽히는지 확인하세요.

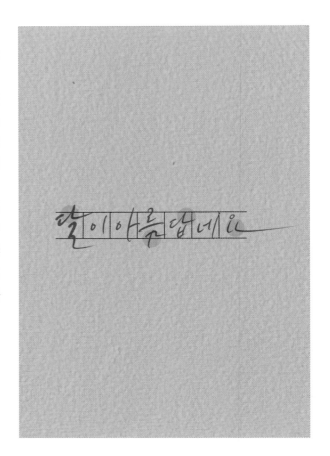

📝 **캘리그라피 TIP**

글씨는 한 번에 잘 써지지 않습니다. 여러 번 연습한 후, 잘 쓴 글씨는 불투명도를 낮게 하여 그 위에 따라 쓰며 연습해 보세요. 따라 쓰는 게 어느 정도 된다면 글씨 위에 쓰지 않고, 글씨를 보면서 씁니다. 그다음엔 글씨를 보지 않고 써 봅니다. 체본도 마찬가지로 연습해 주세요.

7 캔버스를 축소하여 멀리서 보고, 글씨와 원고지의 크기가 조금 크다면 작게 조정하여 완성합니다. 크기나 위치는 처음에 맞춰 놨기 때문에 변경을 하지 않는 것이 가장 좋으나, 진행을 하다 보면 수정을 하게 되는 경우도 많이 생깁니다. 너무 많이 수정하면 픽셀이 깨져 글씨가 뭉개지니 유의해 주세요.

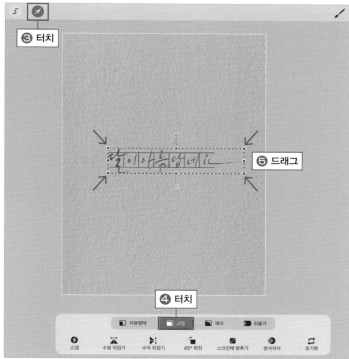

8 이미지를 저장하여 아이패드 배경화면으로 설정합니다.

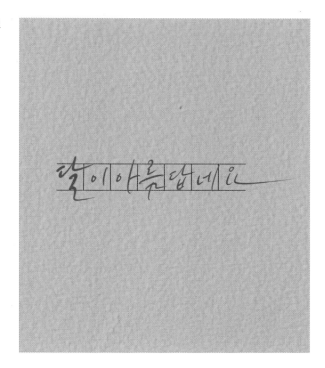

원고지 안을 벗어나지 않는 단정한 글씨도 써 봅니다. 정사각형 안에 들어가므로 글씨도 정사
각형처럼 획의 길이를 일정하게 씁니다. 글씨는 배경에 따라 변형을 달리하여 써 볼 수 있어요.

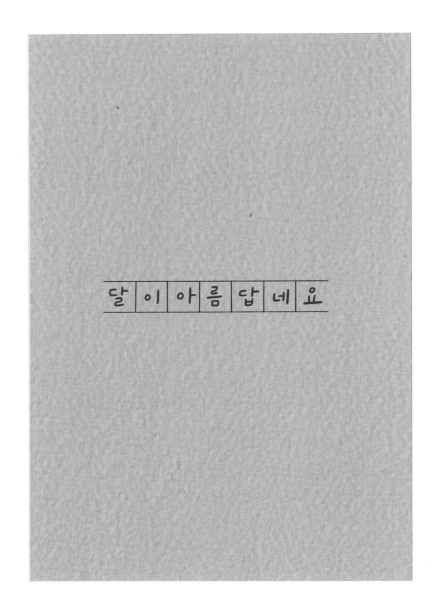

O3

영상에 캘리그라피 입히기

TV나 유튜브를 보면 캘리그라피 제목을 볼 수 있는데요. 이처럼 영상에도 캘리그라피를 넣을 수 있습니다. 영상에 캘리그라피를 넣기 위해선 크로마키를 활용해야 합니다. 크로마키는 배경에 피사체를 합성하는 기술로 합성할 피사체의 배경은 주로 녹색을 사용합니다.

위 이미지처럼 녹색 배경에 글씨를 쓴 후, 영상에 크로마키 기법을 적용하면 녹색은 분리되고 영상에 글씨만 남습니다. 동작 > 공유 > 타임랩스 비디오 내보내기로 저장합니다.

크로마키는 프리미어와 같은 영상 편집 프로그램을 사용하거나, 크로마키를 사용할 수 있는 영상 편집 앱을 다운로드 받아서 사용할 수 있습니다.

크로마키가 있는 앱은 키네마스터(KineMaster), 루마퓨전(LumaFusion), 블로(VLLO), 퍼펙트 비디오(Perfect Video), 비타(VITA) 등이 있는데 유료 앱도 있으므로 내게 맞는 앱을 찾아서 사용하면 됩니다.

CHAPTER

03

캘리그라피 굿즈 만들기

01
굿즈 제작 과정

① 굿즈란?

굿즈(Goods)란 상품, 제품이란 뜻 그리고 연예인과 관련된 제품이라는 두 가지 의미가 있습니다. 현재 다양한 분야에서 굿즈가 만들어지고 있으며, 캘리그라피 굿즈는 손거울, 그립톡 등의 제품에 글씨를 입힌 것을 말합니다.

② 굿즈 제작 과정

굿즈를 처음 만든다면 어떤 것부터 해야 할지 고민하게 되는데요. 굿즈는 제작하는 기기를 구매하여 만들 수도 있고, 업체에 주문하여 진행할 수도 있습니다. 업체 진행 시 굿즈 제작하는 과정을 알려드릴게요.

① 진행할 굿즈 선정
다양한 굿즈 중 내가 진행할 굿즈를 선택합니다.

② 굿즈 디자인 구상
굿즈에 들어갈 캘리그라피 디자인을 구상합니다. 구체적이지 않아도 됩니다.

③ 업체 선정

굿즈를 제작할 업체를 선정합니다. 업체는 작업 전에 선정한 후 진행하는 것이 좋은데요. 업체마다 주문 가능한 최소 수량이나 가격, 제작 가능한 굿즈 종류나 사이즈가 다르기 때문입니다. 소량 제작이 가능한 업체도 있지만, 최소 50개 이상부터 진행하는 업체도 있으며 수량에 따른 가격 차이도 있어 소량을 주문할 때와 대량 주문할 때의 업체 선택도 달라집니다. 단일 사이즈로만 진행하는 곳은 내가 원하는 사이즈를 주문할 수 없기 때문에 미리 진행할 업체를 알아보는 것이 좋습니다.

④ 진행할 업체의 주문 방법 확인

업체마다 주문 방법이 다른데요. 포토샵 파일만 업로드하는 곳도 있고, 이미지 파일만 업로드하는 곳도 있습니다. 각 업체마다 템플릿이 있으니 미리 확인 후 작업하는 것이 좋습니다.

⑤ 캘리그라피 작업

캘리그라피 디자인을 구체적으로 구상한 후, 프로크리에이트에서 작업합니다.

⑥ 굿즈 주문

선택한 업체에 굿즈를 주문합니다. 프로크리에이트는 다양한 파일 형식을 지원하기 때문에 저장하여 업로드하기까지의 과정이 간편한 편입니다.

> **🔊 굿즈 제작 업체**
>
> 레드프린팅, 마플, 성원애드피아, 애즈랜드, 오프린트미, 포스트링, 후니프린팅 등의 업체가 있으며, 기재한 업체 외에도 진행할 수 있는 다양한 업체가 있습니다. 이 중 몇 군데에서 굿즈를 만들어 볼 텐데요. 다양한 주문 방법을 소개하기 위한 것일 뿐, 진행하는 업체가 해당 굿즈를 만들 수 있는 대표 업체는 아님을 참고해 주세요.

캘리그라피 용돈봉투 만들기

🔧 **설정**

- 캔버스 | 175×85mm
- 브러시 | G직선 ━━━
  - 잉크 > 스튜디오 펜 ━━━
  - 미술 > 플림솔 ━━━
  - 페인팅 > 물에 젖은 아크릴 ━━━
  - 페인팅 > 살라망카 ━━━
- 브러시 크기 | 10% 내외
- 팔레트 | 캘리그라피_용돈봉투.swatches

* 브러시 크기는 원하는 대로 설정하여도 됩니다.

1 갤러리 > 새로운 캔버스에서 새 캔버스를 만듭니다. 크기는 175×85mm, DPI는 300으로 설정하고, 색상 프로필은 CMYK로 선택할게요. 내가 가지고 있는 용돈봉투의 크기를 설정하여도 됩니다.

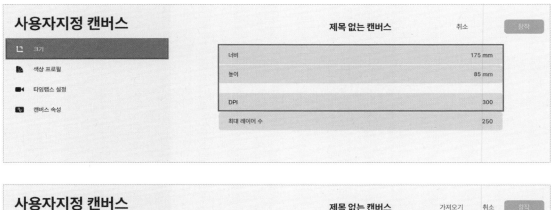

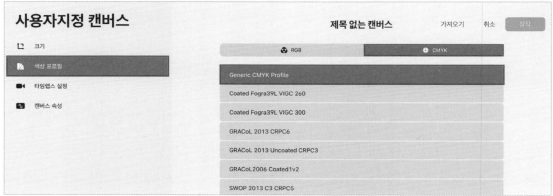

② '부모님 감사합니다'를 쓰고, 캔버스 가운데에 맞춥니다. 스냅을 사용하면 좀 더 쉽게 맞출 수 있습니다. 글씨는 G직선 브러시를 이용해 감성 글씨로 써 볼게요.

③ 레이어를 추가한 후, 오른편에 하트 꽃을 그려 줍니다. 브러시 크기는 3% 이하로 낮춰서 라인 드로잉을 합니다.

4 하트 꽃을 채색하기 위한 레이어를 추가한 후, 라인 드로잉한 레이어 아래로 옮깁니다. 채색할 레이어를 라인 드로잉 아래로 옮겨야 라인이 색에 가려지지 않습니다.

5 '캘리그라피 용돈봉투 팔레트'에서 오렌지(█)를 선택. 브러시는 잉크 > 스튜디오 펜을 선택하고, 브러시 불투명도를 낮춰 이미지를 참고하여 채색합니다. 채색은 하트를 모두 메우지 않아도 되고, 라인을 조금 벗어나도 됩니다. 자유롭게 채색해 주세요.

6 불투명도를 100%로 올린 후, 하트를 그리고 작은 원을 크기가 다르게 그려 줍니다. 점을 찍듯이 작은 원을 그려 넣으면 그림을 그리지 않아도 간단하게 곁그림 효과를 낼 수 있습니다.

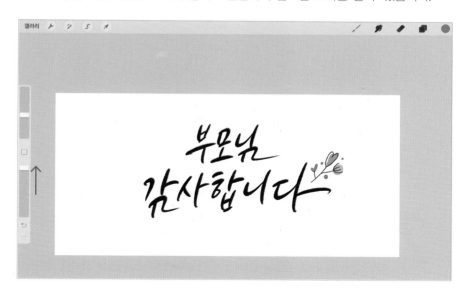

7 '부' 옆에 하트를 그려 완성합니다. 하트는 크기가 다르게, 하나는 굵은 라인으로 표현합니다. 완성된 용돈봉투는 저장합니다.

8 이번엔 다른 글귀를 써 보겠습니다. 이전 레이어를 모두 그룹화한 후, 안 보이게 끄고 새 레이어를 추가합니다.

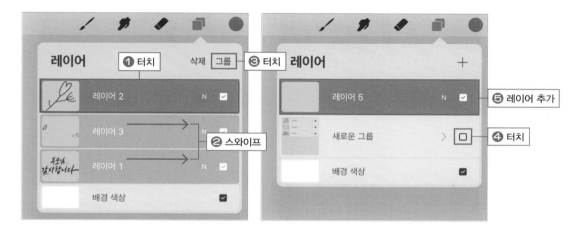

9 G직선 브러시, 검정색으로 '좋은 일만 가득하기를' 글귀를 씁니다. 글씨는 귀여운 글씨로 써 볼게요.

- 두 줄일 경우 행간과 자간을 줄여서 덩어리감을 살립니다.
- '좋'의 ㅈ은 획 간격을 넓혀 ㅗ가 들어갈 공간을 만들어 줍니다.
- 획이 서로 엇갈리게 씁니다.

엇갈리게

10 레이어를 추가한 후, 아래 이미지를 참고하여 그림을 그립니다. 라인은 반듯하지 않고 비뚤어도 괜찮아요.

11 그림을 채색하기 위한 레이어를 추가한 후, 라인 드로잉한 레이어 아래로 옮깁니다. 그림을 그릴 때도 밑그림과 채색 레이어를 다르게 해야 수정이 편합니다.

레이어 추가

12 '캘리그라피 용돈봉투 팔레트'에서 빈티지 그린(■)을 선택, 브러시는 미술 > 플림솔을 선택한 후, 나뭇가지를 채색합니다.

13 페인팅 > 물에 젖은 아크릴 브러시를 선택한 후, 오른쪽 꽃에 크기가 다른 원을 그립니다.

14 '캘리그라피 용돈봉투 팔레트'에서 빈티지옐로우(■)과 오렌지(■)를 선택, 브러시는 페인팅 > 살라망카 브러시를 선택하여 꽃을 채색하여 완성합니다.

SECTION 03

캘리그라피 액자 만들기

🐌 설정

캔버스	4×6 사진
브러시	G직선
브러시 크기	10% 내외
팔레트	캘리그라피_액자.swatches

＊브러시 크기는 원하는 대로 설정하여도 됩니다.

1 갤러리 > 새로운 캔버스에서 4×6을 왼쪽
으로 스와이프한 후, 편집을 터치합니다.

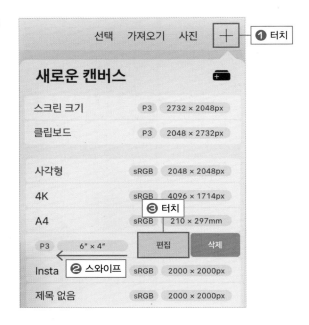

캘리그라피 TIP

캘리그라피에서 엽서는 다양하게 많이 사용하는데요. 많이 사용하는 엽서의 크기는 100×150mm이며, 이는 우리
가 흔히 보는 4×6 사이즈(102×152mm)의 사진과 거의 동일한 크기입니다. 해당 사이즈는 엽서를 인쇄하여 액자에
넣으면 탁상용/벽걸이 액자로 모두 활용 가능합니다.

2 색상 프로필에서 CMYK를 선택한 후 캔버스를 만듭니다.

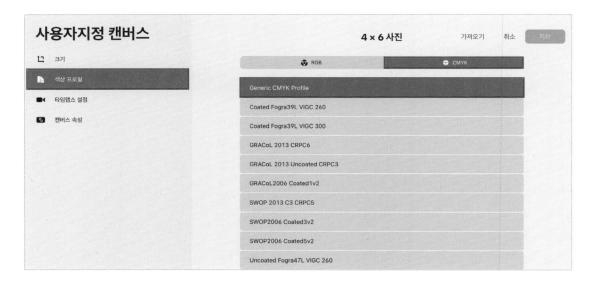

3 캔버스를 세로로 회전한 후 '긍정적인 마음으로'를 귀여운 글씨로 씁니다. '마음으로'를 조금 더 크게 쓸게요.

4 레이어를 추가한 후, 브러시 크기를 줄여 선인장 화분을 그립니다. 그림은 자세히 그리지 않고 지금처럼 간단한 라인 드로잉으로 표현할 수 있습니다.

📱 **프로크리에이트** **TIP**

그림을 그리는 것이 어렵거나 주변 인물을 라인 드로잉으로 그리고 싶다면 사진을 불러와서 불투명도를 낮춘 후, 레이어를 추가하여 사진의 라인을 따라 그리는 트레이싱 방법을 활용하는 것도 좋습니다.

5 레이어를 추가한 후, 라인 드로잉 레이어 아래로 옮깁니다.

6 '캘리그라피 액자 팔레트'에서 딥그린(■)
을 선택한 후, 선인장을 채색합니다.

7 레이어를 추가한 후, '캘리그라피 액자' 팔
레트에서 브라운(■)을 선택하여 화분을 채색
합니다. 한 레이어에 모두 채색할 수도 있지만
이렇게 나눠서 채색해도 좋아요. 레이어를 많
이 나눌수록 수정하기가 쉽습니다.

같은 글귀를 감성 글씨로도 써 볼게요. 캔버스를 가로로 회전하여 쓰고, 브러시로 밑줄 긋듯 그어서 간단하게 색을 넣어 봅니다. 완성된 엽서는 저장하여 인쇄 후, 액자에 넣어 사용합니다.

🔊 용돈봉투와 엽서 인쇄하기

프로크리에이트로 캘리그라피 용돈봉투와 엽서를 만들어 봤는데요. 저장한 사진은 인쇄소에 주문하여 인쇄하거나 해당 사진을 인쇄할 수 있는 프린터기를 구매한 후 프린트하여 사용할 수 있습니다.

용돈봉투와 엽서는 포토 프린터기로 프린트하여 사용할 수 있는데요. 미니 포토 프린터기는 저렴하고 휴대하기 좋아 실용적입니다. 엽서나 용돈봉투를 판매하여야 해서 프린터기를 사용할 일이 많다면 일반 포토 프린터기를 구입해도 되지만, 가끔 사용한다면 미니 포토 프린터기가 좋습니다. 사진 인화나 엽서 인쇄 등을 할 일이 거의 없다면 기기 구매보다는 인쇄소에 주문하는 것이 좋은데요. 인쇄소는 이후 만들 굿즈에서 설명하겠습니다.

미니 포토 프린터기에는 엡손 픽처메이트, 캐논 셀피 등이 있는데 캐논의 경우 스티커나 신용카드 사이즈의 인쇄가 가능하며, 엡손은 봉투 인쇄가 가능합니다. 해당 기기들은 앱을 설치하여 아이패드에서 바로 인쇄할 수 있습니다. 이 둘은 사진의 색감 차이가 있으니 사용 용도를 고려하여 내가 원하는 기기를 구매하여 사용합니다.

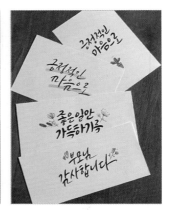

▲ 엡손 픽처메이트　　　　　▲ 캐논 셀피　　　　　▲ 프린터기로 출력한 용돈봉투와 엽서

04

캘리그라피 달력 만들기

🥚 설정

- **캔버스** 147×210mm
- **브러시** G직선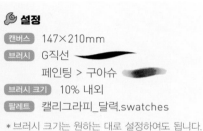
  페인팅 > 구아슈
- **브러시 크기** 10% 내외
- **팔레트** 캘리그라피_달력.swatches

＊브러시 크기는 원하는 대로 설정하여도 됩니다.

1 갤러리 > 새로운 캔버스에서 새 캔버스를 만듭니다. 크기는 147×210mm, DPI는 300으로 설정하고, 색상 프로필은 CMYK로 선택합니다.

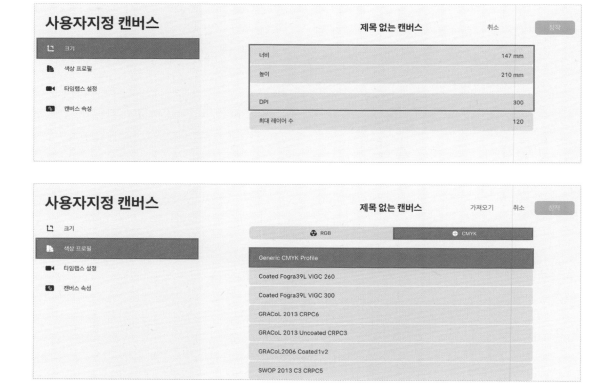

2 동작 > 캔버스 > 그리기 가이드를 활성화한 후, 아래 '그리기 가이드 편집'을 터치합니다.

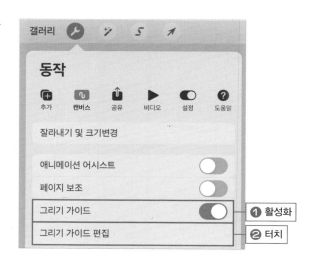

3 그리기 가이드에서 '대칭'을 선택한 후 완료를 터치합니다. '대칭'을 선택하면 캔버스 가운데에 세로 선이 그어지고, 레이어에 '보조'라는 글씨가 작게 표시됩니다. 이 표시는 '레이어 옵션'에서 '그리기 도우미'를 터치하면 나오는 표시입니다.

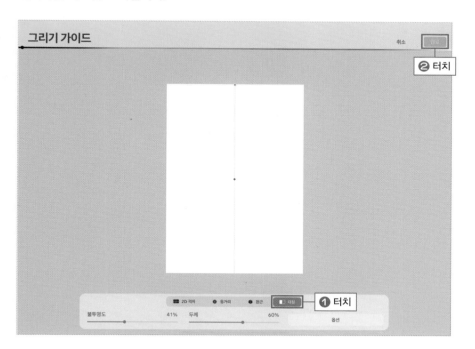

4 세로선을 기준으로 반원을 그립니다. G직선 브러시 크기를 5% 이하로 낮춰서 얇게 그릴게요. 예쁘지 않게 그려도 됩니다. 반원을 그리면 선 반대편에 내가 그린 반원이 똑같이 그려집니다. 펜슬은 캔버스에서 떼지 않습니다.

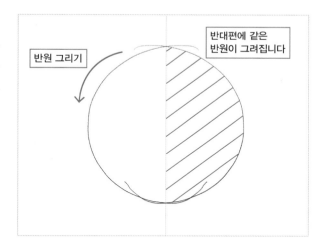

5 펜슬을 떼지 않은 상태에서 드래그하여 원의 크기를 조정한 후, 펜슬을 뗍니다. 펜슬을 뗀 후, 상단에 있는 '모양 편집'을 터치합니다.

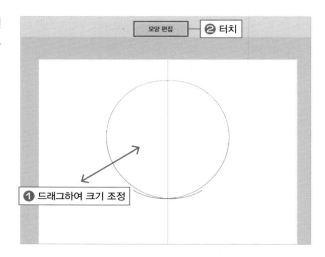

6 '원'을 터치하면 정원으로 바뀝니다.

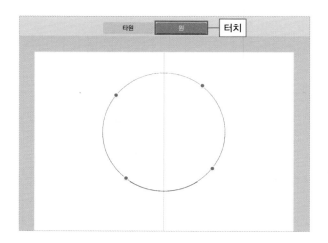

7 지우개로 왼쪽 반원의 가운데를 지우면 반대쪽도 똑같이 지워져 이미지처럼 원의 가운데가 지워집니다.

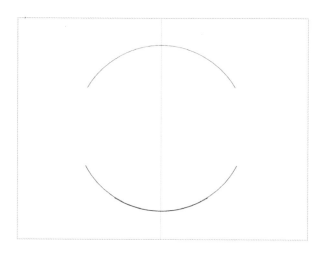

8 왼쪽 선에 나뭇잎을 그립니다. 그리면 오른
쪽에도 똑같이 그려집니다.

9 왼쪽 상단의 나뭇잎 바깥으로 둥근 선을
그립니다. 아래쪽은 나뭇잎 안쪽에서 선을 둥
글게 그릴게요. 이미지의 빨간 선과 똑같이 그
립니다.

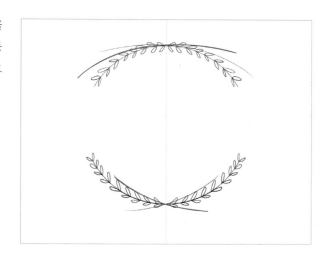

10 왼쪽 상단 라인에 이미지의 빨간 원처럼
선을 그리고 나뭇잎에 선을 그어 리스를 꾸며
줍니다.

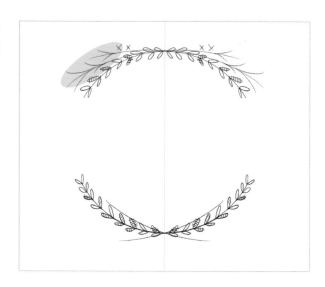

11 레이어를 추가한 후, 리스 안에 '괜찮은 하루' 글씨를 씁니다. 감성 글씨로 쓰며, '하루'에서 마지막 획은 길게 씁니다.

12 리스를 그린 레이어를 선택하고 선택 > 올가미로 리스의 아랫부분을 선택합니다.

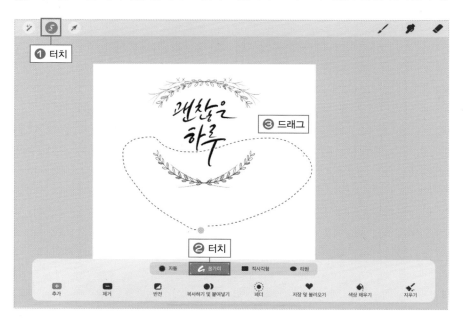

13 '변형' 툴로 크기를 줄인 후, 회전하여 아래 이미지와 같이 만듭니다.

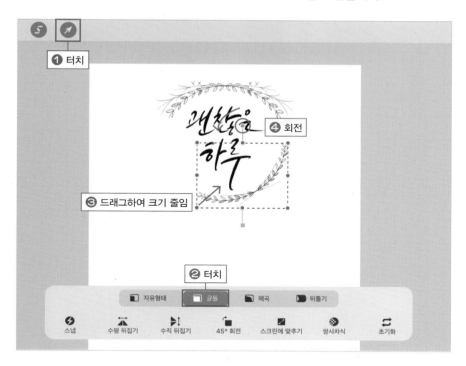

14 '리스 레이어'를 복사합니다. 복사하면 레이어가 겹쳐져 선이 진해집니다.

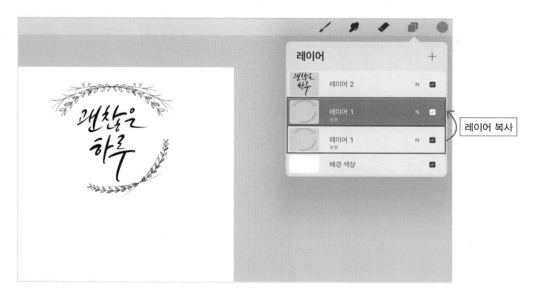

15 맨 아래에 레이어를 추가합니다.

16 '캘리그라피 달력 팔레트'에서 라이트그린
(■)을 선택, 브러시는 페인팅 > 구아슈를 선
택한 후 리스를 채색합니다. 브러시는 필압에
따라 진하기가 달라집니다.

17 채색한 레이어의 불투명도를 80%로 조정
합니다.

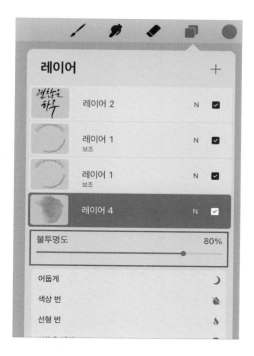

18 레이어를 추가한 후, 리스 아래에 G직선 브러시로 달력을 만듭니다. 저는 임의로 썼기 때문에 여러분은
현재 달력에서 내가 만들고 싶은 월, 요일, 날짜를 쓰면 됩니다. 그리드를 켜 놓고 쓰면 줄 맞춰 쓰기가 수월
합니다.

❶ 레이어 추가

❷ 달력 그리기

19 선택 > 올가미로 일요일과 토요일을 선택하여 '캘리그라피 달력 팔레트'에 있는 레드(■)와 블루(■)를
입힙니다.

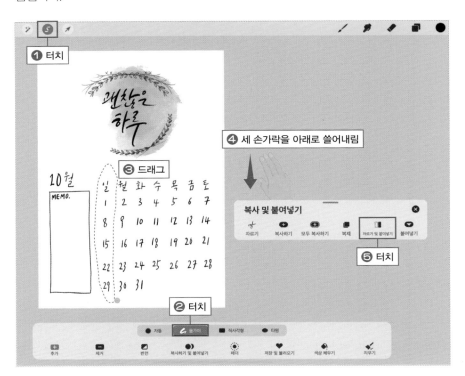

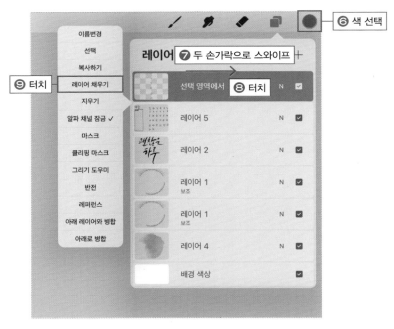

20 일요일과 토요일 컬러를 변경하여 달력을 완성했습니다.

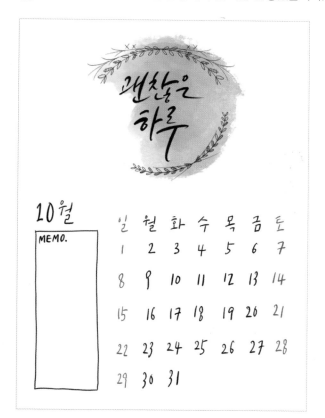

리스의 색을 바꾸거나 리스 대신 흰 배경에 색을 입혀 달력을 만들어도 좋습니다. 내가 원하는 모양을 그려서 나만의 달력을 만들어 보세요.

21 완성된 캔버스는 JPEG 또는 PNG로 저장
합니다. PNG는 JPEG보다 고화질로 저장되며,
그만큼 파일 크기는 더 큽니다. 저장한 파일은
메신저 앱이나 파일 공유 프로그램을 사용하여
PC로 옮깁니다.

22 인터넷 검색창에 '성원애드피아'를 검색하여 사이트에 접속한 후, 디지털인쇄 > 디지털 전단지를 클릭
합니다.

23 각 옵션을 선택한 후, 템플릿을 다운로드받아 PSD 파일(포토샵)을 엽니다. 템플릿은 재단선과 작업선이 그려진 가이드 파일입니다.

🔊 주문 시 알아 두면 좋은 용어

▶ 옵셋 인쇄 : 판을 이용한 인쇄 방법이며, 고품질로 대량 인쇄 시 좋습니다.

▶ 디지털 인쇄 : 판 작업 없이 프린터기로 인쇄하는 방법입니다. 소량 인쇄에 많이 사용합니다. 인디고 인쇄는 고품질로 인쇄됩니다.

▶ 종이 평량 : 종이의 무게(g)를 말합니다. 평량이 높을수록 두꺼워지며, 인쇄 시엔 200g 이상을 선택하는 것이 좋습니다.

▶ 재단선 : 작업물의 실제 규격으로, 인쇄 시 자르는 선입니다. 칼선이라고도 부릅니다.

▶ 작업선 : 내가 작업하는 규격으로, 실제 규격에서 1~3mm를 더하여 작업합니다. 작업선은 재단 시 발생하는 오차의 범위를 생각하여 실 규격보다 크게 만들며, 인쇄소에 파일을 보낼 땐 작업선 규격 기준으로 보냅니다.

▶ 안전선 : 절대 잘려나가면 안되는 작업 영역을 표시한 선입니다.

▶ 톰슨 인쇄 : 톰슨의 일본식 발음인 '도무송'이라고 많이 부르며 원하는 모양의 재단선을 만들어 자르는 방법입니다. 떼서 사용하는 스티커가 대표적입니다.

24 포토샵에서 내 이미지 파일을 열어 작업선에 크기를 맞춥니다. 이미지는 재단선 규격으로 만들었기 때문에 작업선보다 크기가 약간 작을 겁니다. 이미지를 확대하여 작업선 규격에 맞춘 후 저장하여 '성원 애드피아' 홈페이지에 파일을 업로드합니다.

크기는 처음부터 작업선 사이즈로 만들어 진행해도 되며, 작업 후 동작 > 캔버스 > 잘라내기 및 크기 변경에서 사이즈를 변경하여 저장해도 됩니다.

재단선 사이즈로 만들어 작업하면 그림 또는 글씨의 크기나 위치를 정하기 수월합니다. 그러나 작업 시 재단선과 맞닿는 선이 있다면 작업선까지 선을 이어 그려야 하기 때문에, 작업선 규격으로 만들어 진행해야 합니다.

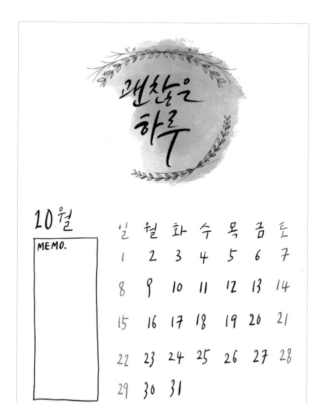

05

떡메모지 만들기

🔧 설정

캔버스 80×80mm

브러시 G직선 ━━━

브러시 크기 10% 이하

팔레트 캘리그라피_떡메모지.swatches

* 브러시 크기는 원하는 대로 설정하여도 됩니다.

1 갤러리 > 새로운 캔버스에서 새 캔버스를
만듭니다. 크기는 80×80mm, DPI는 300으로
설정하고, 색상 프로필은 CMYK로 선택합니다.

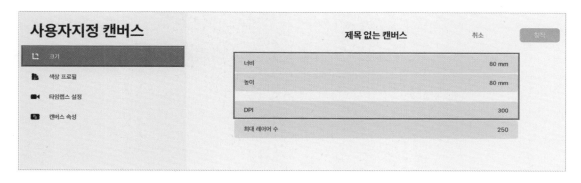

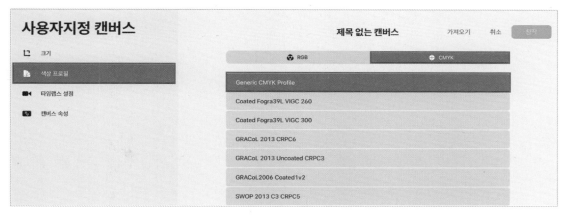

2 '캘리그라피 떡메모지 팔레트'에서 라이트옐로우(░)를 선택한 후, 캔버스에 컬러드롭합니다.

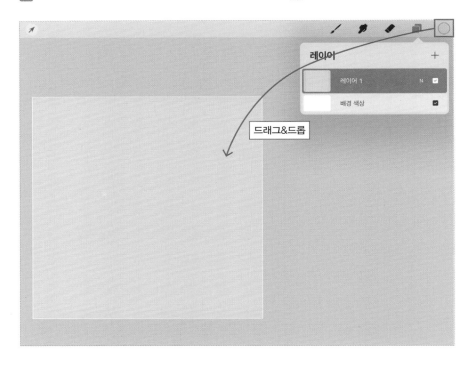

3 '캘리그라피 떡메모지 팔레트'에서 레드(▇)를 선택합니다.

4 떡메모지에 넣을 폰트를 다운로드받기 위해, 상업용으로 사용 가능한 폰트를 모아 놓은 사이트인 '눈누'를 검색하여 접속합니다. '눈누' 사이트 검색창에 '나눔'을 검색한 후, '나눔스퀘어'를 선택하여 폰트를 다운로드받습니다. OTF / 윈도우용으로 설치해 주세요.

5 파일은 압축파일로 저장되는데 아이패드 파일 앱에서 다운로드받은 파일을 터치하면 압축이 풀리면서 폴더가 생깁니다. 폴더 안에 다운로드받은 나눔 폰트가 종류별로 있습니다.

6 동작 > 추가 > 텍스트 추가를 터치, 키보드 오른쪽의 'Aa'를 터치한 후 '서체 가져오기'를 엽니다.

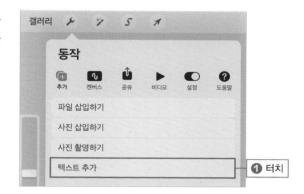

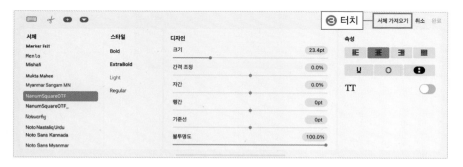

7 '서체'에서 다운로드받은 'NanumSquareOTF'를 찾아 터치한 후, 'ExtraBold'를 선택하고 'GOOD DAY'를 씁니다. 크기는 30으로 맞춥니다.

8 글씨를 왼쪽 하단으로 이동한 후, 레이어를 추가하고 영문 위에 '당신의'를 써서 완성합니다.

- '당'에서 ㅏ와 ㅇ을 잇는 허획은 힘을 빼서 얇게 씁니다.
- '의'는 약간 작게 씁니다.

글씨와 폰트를 적절하게 조합하면 글씨의 분위기가 새로워져요. 원하는 글씨를 써서 다양하게 배치해 보세요.

GOOD DAY

오늘도

GOOD DAY

좋은날

⑨ 동작 > 공유 > PSD로 저장합니다. PSD로 저장한 후 포토샵에서 열면 프로크리에이트에서 작업한 레이어가 그대로 나오기 때문에 포토샵에서 추가 수정이 가능합니다.

PC에 따라 아이패드와 포토샵에서 본 색상이 다를 수 있기 때문에, 업체에 포토샵 파일을 올릴 때는 포토샵에서 색을 다시 한 번 확인하는 것이 좋습니다. 포토샵에서 색상을 조정했더라도 인쇄했을 땐 약간 다른 색이 나오는 경우도 있는데요. 보통 톤이 다운되는 경우가 많습니다. 이를 대비해 포토샵에서 채도나 명도를 조금씩 높여 더 밝게 저장하여도 좋습니다.

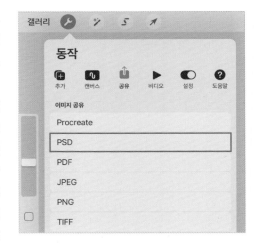

⑩ 인터넷 검색창에 '애즈랜드'를 검색하여 사이트에 접속한 후, 상단의 '굿즈'를 열고 '떡메모지'를 클릭합니다.

11 규격을 '80×80mm'로 선택한 후, '칼선다운로드'를 클릭합니다. 파일은 압축파일로 다운로드되며 압축을 풀어 PSD 파일을 엽니다.

12 떡메모지 이미지 파일을 불러와 작업선(편집 사이즈) 영역까지 색을 채웁니다. 재단선 사이즈로 작업했기 때문에 재단선과 작업선 사이의 영역은 색을 채워 줘야 합니다. 스포이드로 이미지 배경색을 추출한 후, 레이어를 추가하여 페인트 툴로 색을 채워 주세요. 파일은 저장하여 '애즈랜드' 홈페이지에 업로드한 후 주문합니다.

06

캘리그라피 스티커 만들기

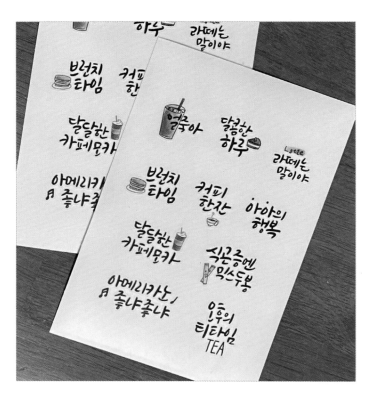

🎨 설정

캔버스 105×148mm

브러시 잉크 > 스튜디오 펜
페인팅 > 구아슈
페인팅 > 살라망카

브러시 크기 15% 내외

팔레트 캘리그라피_스티커.swatches

* 브러시 크기는 원하는 대로 설정하여도 됩니다.

1 갤러리 > 새로운 캔버스에서 새 캔버스를 만듭니다. 크기는 105×148mm, DPI는 300으로 설정하고, 색상 프로필은 CMYK로 선택합니다.

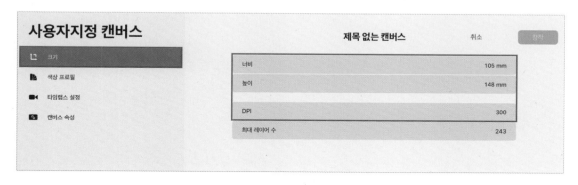

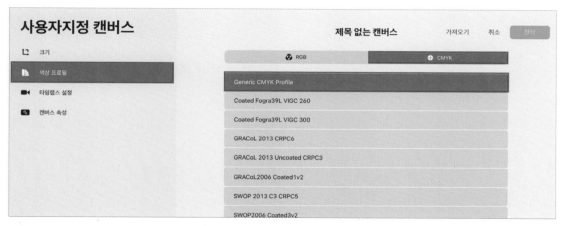

2 스티커에 들어갈 문구를 씁니다. 커피와 관련된 문구를 써서 투명 스티커를 만들어 볼게요. 귀여운 글씨로 씁니다.

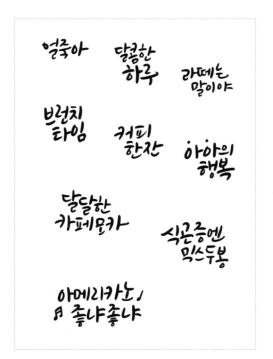

3 레이어를 추가하여 글씨 레이어 아래로 이동한 후, 브러시 크기를 줄여서 얇게 그림을 그립니다.

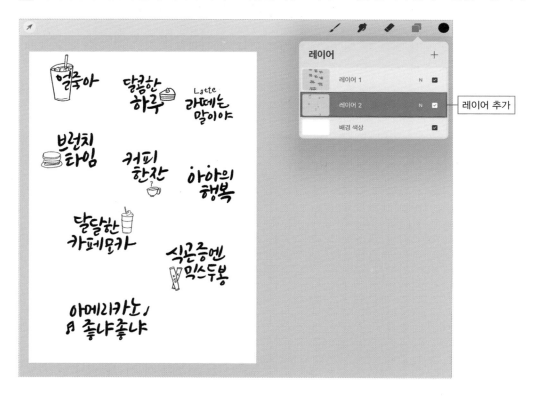

레이어 추가

4️⃣ 맨 아래에 레이어를 추가합니다.

5️⃣ 페인팅 > 구아슈 브러시를 선택한 후, '얼죽아'에 있는 컵을 채색합니다. 색상 번호는 오른쪽 이미지를 참고해 주세요.

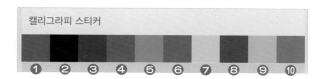

• '캘리그라피 스티커 팔레트'의 ❶번 딥브라운(■)을 사용해 컵을 전체적으로 채색합니다.

• 필압을 약하게 하여 컵 전체를 연하게 채색한 후, 컵의 왼쪽은 힘을 주어 조금 더 진하게 채색합니다. 너무 진하게 채색하면 글씨가 보이지 않습니다.

• 컵 안의 커피는 브러시 크기를 줄여 진하게 채색할게요.

• '캘리그라피 스티커 팔레트'의 ❷번 블랙(■)을 선택하여 빨대를 채색합니다.

6️⃣ '캘리그라피 스티커 팔레트'의 ❸번 다크브라운(■)으로 '달콤한 하루'에 있는 케이크를 채색합니다. ❹번 레드오렌지(■)로 딸기도 채색할게요.

7 페인팅 > 살라망카 브러시를 선택한 후, ❸번 다크브라운(■)으로 '라떼는 말이야'에 있는 영어에 색을 입힙니다.

8 '캘리그라피 스티커 팔레트'의 ❺번 라이트브라운(■)으로 '브런치 타임'의 팬케이크를 전체 채색 후, 음영을 표현하기 위해 왼쪽은 좀 더 진하게 채색할게요. ❻번 브라운(■)도 같이 사용합니다. 채색은 자유롭게 해 주세요. 이미지처럼 하여도 되고, 꼼꼼하게 라인 안쪽을 채워도 됩니다. 접시는 ❼번 라이트그레이(■)로 채색합니다.

9 페인팅 > 구아슈 브러시를 선택 후, '커피한 잔' 글씨에 있는 커피잔에 ❸번 블루(■)로 파란 선을 그어 줍니다. 커피잔 속 커피는 ❸번 다크브라운(■)으로 채색합니다.

10 페인팅 > 살라망카 브러시를 선택 후, ❶번 딥브라운(■)으로 '달달한 카페모카'에 있는 커피 컵을 채색할게요. 컵 홀더는 ❻번 브라운(■), 빨대는 ❼번 라이트그레이(■)로 칠합니다.

11 '식곤증엔 믹스 두 봉' 글씨에 있는 믹스 커피는 ⑨번 옐로우(■)와 ⑩번 라이트블루그린(■) 색상으로 채색합니다.

12 흰색으로 '커피 한 잔'의 커피잔, '달달한 카페모카'의 휘핑크림, '얼죽아' 컵에 있는 얼음과 '달콤한 하루'에 있는 케이크(흰색 선)를 채색합니다. 채색이 끝나면 레이어를 병합합니다. 추후 색 변경 등 수정에 대비한다면 레이어를 그룹화하여 복사한 후 병합하여도 좋습니다.

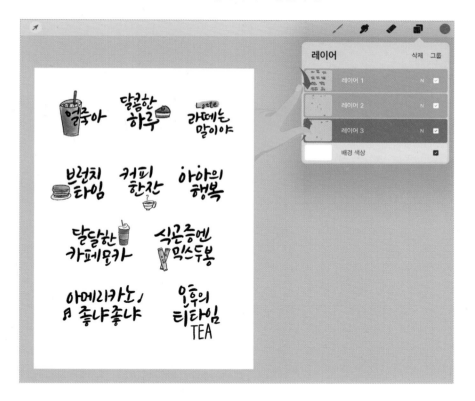

⓭ '얼죽아'를 올가미 툴로 선택합니다. 세 손가락을 아래로 쓸어내려 '복사 및 붙여넣기'를 연 후, '자르기 및 붙여넣기'를 선택하여 레이어를 분리합니다.

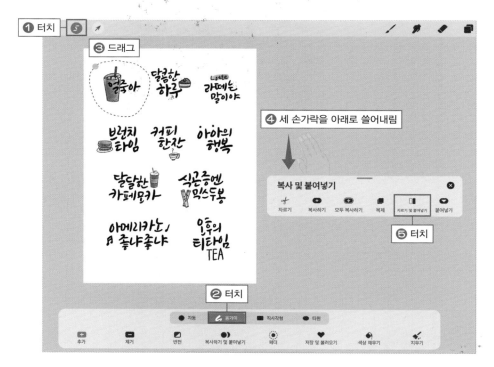

⓮ 같은 방법으로 한 레이어에 있는 스티커들을 모두 개별 레이어로 분리합니다. 스티커를 각각 따로 저장하여 제작 업체에 올리면 자동으로 칼선이 생성되는데요. 아닌 곳도 있으므로 작업 전 업체 사이트에서 주문 방법을 확인 후 진행합니다.

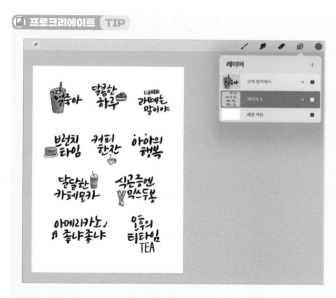

분리할 때는 맨 아래 레이어가 파랗게 선택된 상태에서 올가미 툴을 사용해야 문구가 선택됩니다.

15 '배경 색상' 레이어의 체크 박스를 해제하여 배경을 투명하게 합니다. 스티커는 배경이 보이면 안 되기 때문에 투명한 배경으로 저장합니다.

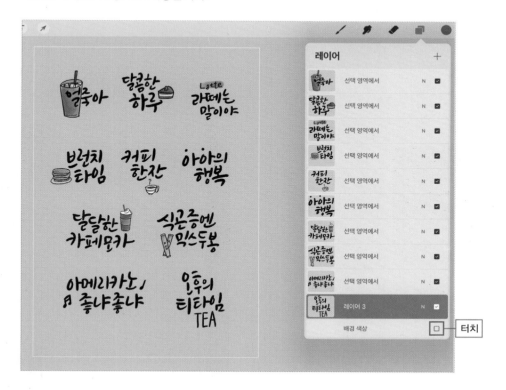

16 저장할 스티커 레이어를 제외한 나머지 레이어를 모두 체크 해제한 후, PNG 파일로 저장합니다. PNG 파일은 투명한 배경을 저장할 때 사용하는 파일 형식입니다. 나머지 스티커도 같은 방법으로 저장합니다.

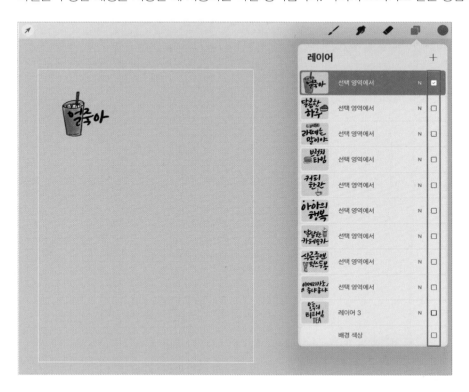

17 앱스토어(APP Store)에서 '오프린트미' 앱을 다운로드받습니다. '오프린트미'는 사이트 방문 없이 앱에서 주문할 수 있어요. 앱에서 왼쪽 메뉴를 터치한 후, 스티커 > DIY를 터치합니다.

18 사이즈는 A6로 설정하고, 용지는 '투명', 칼선은 '칼선 넣기'를 선택합니다. 코팅과 수량은 내가 원하는 대로 선택한 후 '시작하기'를 터치합니다.

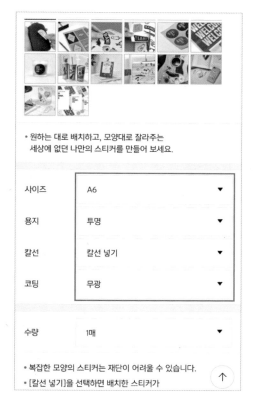

19 '직접 디자인하기'를 터치합니다.

20 상단의 연필과 자 아이콘을 터치한 후, '클립아트'를 터치합니다.

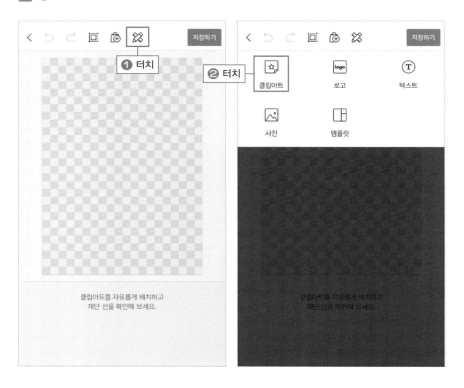

21 '내 클립아트 업로드'를 터치하여 저장한 스티커를 업로드한 후, 완료를 터치합니다.

22 스티커를 불러오면 자동으로 칼선이 생성됩니다. 스티커는 파란 박스를 확대하여 크기를 조정합니다. 나머지 스티커도 클립아트에서 불러와 조정한 후 주문합니다. 하단의 물방울 아이콘은 '화이트 배경 유무'입니다. 화이트 배경이 선택되지 않으면 색이 선명하게 나오지 않고 살짝 비치는 듯 인쇄되는데요. 용도에 맞게 선택하여 사용할 수 있습니다.

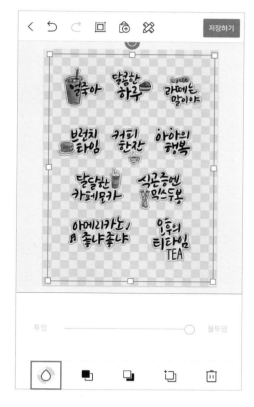

07

캘리그라피 손거울 만들기

🔧 설정

캔버스 87×87mm

브러시 G직선

페인팅 > 구아슈

브러시 크기 15% 내외

팔레트 캘리그라피_손거울.swatches

＊브러시 크기는 원하는 대로 설정하여도 됩니다.

1 갤러리 > 새로운 캔버스에서 새 캔버스를 만듭니다. 크기는 87×87mm, DPI는 300으로 설정하고, 색상 프로필은 CMYK로 선택합니다.

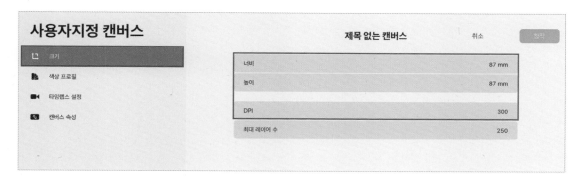

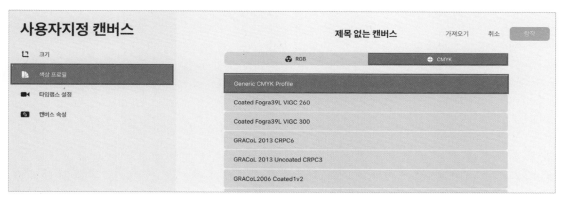

2 '캘리그라피 손거울 팔레트'에서 ❶번 인디언핑크()를 캔버스로 컬러드롭합니다.

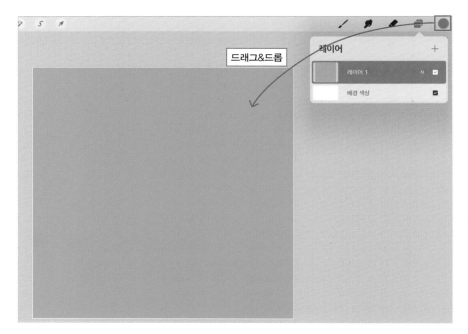

3 '캘리그라피 손거울 팔레트'에서 ❷번 레드(■)를 선택합니다. 레이어를 추가한 후, '오래 보아도 좋은 사람'을 감성 글씨로 씁니다. 전반적으로 얇게 쓸게요. '좋은 사람'을 강조하기 위해 크고 좀 더 굵게 씁니다.

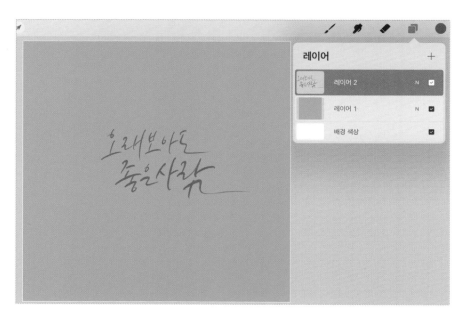

4️⃣ 레이어를 추가한 후 글씨 레이어 아래로
옮깁니다.

5️⃣ 페인팅 > 구아슈 브러시를 선택 후, 흰색으
로 글씨에 색을 입혀 줍니다.

6 위 두 개의 레이어를 모두 선택한 후, '스냅'을 켜서 캔버스 정가운데에 맞춥니다.

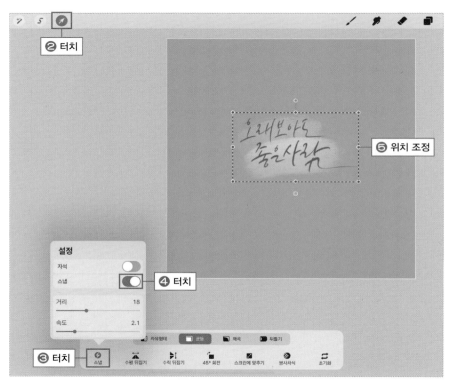

응용하기

다른 색상과 글귀로도 손거울을 만들어 봅니다.

안봐도 예뻐

바로바로
보고픈 사람

하늘을 달리다

7️⃣ PNG 파일로 저장한 후, PC로 옮깁니다.

8️⃣ 인터넷 검색창에 '레드프린팅'을 검색하여 사이트에 접속한 후, 왼쪽 메뉴를 클릭, '거울 버튼'을 클릭합니다.

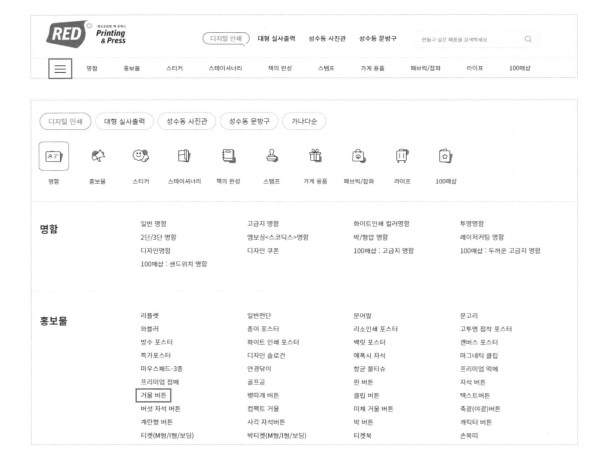

9 규격 75×75를 선택합니다. '레드프린팅'은 PDF 파일 또는 이미지 파일을 업로드하는데요. 이미지 파일은 올리면 칼선이 자동으로 생성됩니다.

거울 버튼	
버튼모양	원형 ∨
용지	버튼용합성지 ∨ [주문가능용지]
종이선택/g수	150 ∨
규격(mm)	75X75 (87 x 87) ∨ ● 제품사이즈 : 73.7 X 73.7mm (두께:6.43mm 무게:29.5g) ● 재단사이즈 : 가로 87 / 세로 87 ● 작업사이즈 : 가로 87 / 세로 87
인쇄수량	1 ∨ 개
주문건수	1 ∨ 건 ※ 1페이지 PDF를 업로드해 주십시오.
주문제목	제목입력

파일업로드	**PDF ONLY** 내 칼선으로 주문 칼선/인쇄 레이어가 구분 된 PDF파일만 업로드 가능 (파일업로드 또는 드래그 앤 드롭하세요) [업로드파일명]	**JPG/PNG/PDF** 간편주문 (칼선 제공) 간편주문 (칼선없이), 이미지로 주문하시는 경우 (파일업로드 또는 드래그 앤 드롭하세요) [업로드파일명]
	※ MS-OFFICE 계열에서 만든 PDF는 주문,제작이 원활하지 않을 수 있습니다.	

10 PNG를 클릭하여 이미지 파일을 업로드한 후, 주문합니다.

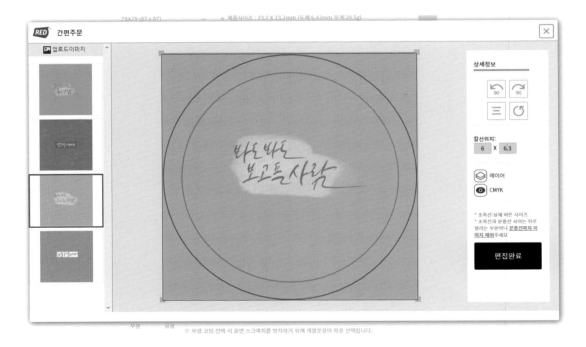

◆ 프로크리에이트로 시작하는 디지털 손글씨 ◆

기초부터 하나씩,
아이패드 캘리그라피
CALLIGRAPHY

1판 1쇄 발행   2022년 1월 31일
1판 2쇄 발행   2023년 3월 20일

저   자 | 김나
발 행 인 | 김길수
발 행 처 | (주)영진닷컴
주   소 | (우)08507 서울특별시 금천구 가산디지털1로 128
　　　　　　 STX-V 타워 4층 401호
등   록 | 2007. 4. 27. 제16-4189

©2022., 2023. (주)영진닷컴

ISBN | 978-89-314-6594-5

YoungJin.com Y.
영진닷컴

영진닷컴 단행본 도서

영진닷컴에서는 눈과 입이 즐거워지는 요리 분야의 도서,
평범한 일상에 소소한 행복을 주는 취미 분야의 도서,
감각적이고 트렌디한 예술 분야의 도서를 출간하고 있습니다.

>요리<

**홈메이드
과일 샌드위치**

나가타 유이 | 16,000원 | 196쪽

**동명 양과자점의
아메리칸 쿠키 레시피**

소이현 윤재진 | 16,000원
176쪽

**SOURDOUGH
사워도우**

브라이언 포드
20,000원 | 160쪽

**와인 폴리
: 매그넘 에디션**

Madeline Puckette, Justin Hammack
30,000원 | 320쪽

>취미<

**기분이 좋아지는
오늘의 입욕제**

소크아트 | 16,000원 | 208쪽

**손흥민
월드와이드 팬북**

에이드리안 베즐리 | 12,000원
64쪽

**라탄으로 만드는
감성 소품**

김수현 | 17,000원
268쪽

**프리띵의 맛있는
디저트 캔들**

프리띵 | 18,000원
272쪽

>예술<

**러블리 소녀 컬러링북
with 비비노스**

비비노스 | 15,000원 | 152쪽

**우리 연애의 기록
with 해그늘 컬러링북**

해그늘 | 14,000원 | 136쪽

**그림 속 여자가
말하다**

이정아 | 17,000원
344쪽

**예술가들이 사랑한
컬러의 역사
CHROMATOPIA**

데이비드 콜즈 | 23,000원
240쪽